BEIJING
ARCHITECTURE & DESIGN

daab

China ist berühmt für seine Mauer, für Pagodendächer und innovative Gärten. Daher ist es erstaunlich, dass die chinesische Sprache bis 1920 nicht einmal ein Wort für „Architektur" besaß. In jüngster Zeit haben die wachsende Wirtschaft und der Bauboom in China das Interesse renommierter Architekten in der ganzen Welt dafür geweckt, ihre Bauwerke in den weltgrößten Metropolen zu errichten. Im politischen, wirtschaftlichen und kulturellen Zentrum Chinas verdrängt das Neue in rasender Geschwindigkeit das Altbewährte. Als Peking im Jahr 2001 den Zuschlag für die Ausrichtung der Olympischen Spiele erhielt, setzte in der Stadt ein teilweise umstrittener Wandel ein. Olympia setzte eine architektonische Entwicklung in Gang, die die von konservativer kommunistischer Architektur geprägte Stadt grundlegend verändert hat. Dazu zählen Sport- und Kultureinrichtungen ebenso wie Einkaufs- und Bürogebäude. Die chinesische Hauptstadt öffnete ihre Türen für eine Heerschar weltberühmter Architekten, darunter Rem Koolhaas, Sir Norman Foster und Paul Andreu. Der architektonische Entwicklungsprozess Pekings wurde von der internationalen Presse genauestens mitverfolgt und kommentiert. Es entstanden außergewöhnliche Bauwerke, die Spitznamen wie „Eierschale", „Vogelnest" und „Wasserwürfel" erhielten. Internationale Architekten, die mit der Neugestaltung Pekings beauftragt werden, müssen stets mit einem chinesischen Partner zusammenarbeiten. Dadurch entstand eine enge Zusammenarbeit zwischen chinesischen und internationalen Architekten – das öffnete die Türen für junge und ehrgeizige chinesische Baumeister. Die aufstrebende chinesische Mittelklasse ist somit von westlich geprägten Wohnhäusern und Bürogebäuden umgeben, fährt zum Shoppen in Einkaufszentren wie „Soho Shangdu" und trifft sich an den angesagtesten Orten zum Ausgehen, so zum Beispiel in Philippe Starcks Restaurant „LAN" oder Zhong Songs „Song Music Bar + Kitchen". Viele Einwohner Pekings hoffen, dass in ihrer Stadt nicht nur die ersten „Green Olympics" stattfinden, sondern dass Peking durch das riesige Sportevent einen solchen Schub nach vorne erlebt wie Barcelona im Jahr 1992.

Famous for the Great Wall, pagoda roofs and innovative garden architecture, it is hard to believe that the Chinese language did not have a word for architecture until the 1920s. Recently the country's burgeoning economy and construction boom has attracted the attention of the world's finest architects eager to create masterworks in some of the world's biggest metropolises. The new is rapidly replacing the old in the country's political, economic and cultural centre. When Beijing won the bid in 2001 to host the 2008 Olympic Games, the city started a somewhat controversial transformation. Olympic-driven developments – from sports and cultural infrastructures to business facilities and commercial housing – have transformed a city once characterized by conservative Communist architecture. The Chinese capital has opened its doors to a foreign legion of world-renowned architects (including Rem Koolhaas, Sir Norman Foster and Paul Andreu). The construction process has been closely followed (and criticised) by the international press and architecture buffs the world over and some of the new buildings have been given nicknames such as the "Egg Shell", "Bird's Nest" and the "Watercube". According to Chinese regulations the international architects creating the city's monumental infrastructure must be accompanied by a Chinese partner. This interaction between Chinese and foreign architects has opened doors to a number of emerging young Chinese architects, who are creating a new architectural identity. Now the emerging Chinese middle-class can live, work and play in Western-style residential buildings, offices and malls, such as SOHO Shangdu and can be seen in some of the city's trendiest venues, like Philippe Starck's LAN restaurant and Zhong Song's Song Music Bar + Kitchen. As well aspiring to being the first Green Olympics, many Beijingers hope this event will do for their city what it did for Barcelona in 1992.

Famosa por la Gran Muralla, las pagodas y la innovadora arquitectura paisajista, cuesta creer que hasta la década de 1920 no existiera ninguna palabra en chino para referirse a la arquitectura. En los últimos tiempos, la pujanza de la economía del país y el auge de la construcción han atraído la atención de destacados arquitectos internacionales, deseosos de crear obras maestras en una de las mayores metrópolis del mundo. Lo nuevo está sustituyendo a lo viejo con gran rapidez en el centro político, económico y cultural del país. En 2001, cuando Beijing fue designada sede de los Juegos Olímpicos de 2008, la ciudad comenzó una transformación no exenta de polémica. La preparación de las olimpiadas ha propiciado una serie de cambios –desde infraestructuras deportivas y culturales a centros de negocios y complejos comerciales– que han cambiado una ciudad caracterizada por la arquitectura conservadora, propia del régimen comunista. La capital china ha abierto sus puertas a una legión de arquitectos de fama mundial, entre los que figuran Rem Koolhaas, Sir Norman Foster y Paul Andreu. La prensa internacional y los aficionados a la arquitectura han seguido (y criticado) dicho proceso constructivo y algunos de los edificios de nueva planta han recibido apodos como "cáscara de huevo", "nido de pájaro" o "cubo de agua". Los arquitectos internacionales encargados de crear la infraestructura monumental de la ciudad debían contar con la colaboración de un socio chino. Esta interrelación entre arquitectos nativos y extranjeros abrió las puertas a un grupo de jóvenes arquitectos chinos, que está construyendo una nueva identidad en el ámbito de la arquitectura. En la actualidad, la incipiente clase media china puede vivir, trabajar y jugar en edificios residenciales, oficinas y centros comerciales de estilo occidental, como el SOHO Shangdu, y se les puede ver en algunos de los lugares de moda de la ciudad, como el restaurante LAN de Philippe Starck o el bar musical y restaurante de Zhong Song. Asimismo, son muchos los habitantes de Beijing que aspiran a albergar las primeras Olimpiadas Verdes, con la esperanza de que este acontecimiento produzca en la ciudad los mismos resultados que tuvo en Barcelona en 1992.

La Chine est célèbre pour sa Grande Muraille, ses toits en pagode et un paysagisme innovant ; difficile de croire donc que la langue chinoise n'a pas eu de mot pour « architecture » avant les années 20. Dernièrement, l'économie florissante et le boom de la construction que connaît le pays ont attiré l'attention d' architectes de renom du monde entier, désireux de signer des œuvres dans certaines des plus grandes métropoles de la planète. L'ancien fait rapidement place au neuf dans le centre politique, économique et culturel du pays. Lorsque Pékin a remporté en 2001 la candidature pour organiser les Jeux olympiques de 2008, la ville a entamé une transformation quelque peu controversée. Les développements motivés par l'organisation olympique, des infrastructures sportives et culturelles aux installations commerciales et aux locaux, ont métamorphosé une ville emprunte de l'architecture communiste conservatrice. La capitale chinoise a ouvert ses portes à une légion étrangère d'architectes de renommée mondiale (dont Rem Koolhaas, Sir Norman Foster et Paul Andreu). Le processus de construction a été suivi de près (et critiqué) par la presse internationale et les mordus d'architectes dans tout le monde, et certains des nouveaux édifices de la capitale ont été baptisés « coquille d'œuf », « nid d'oiseaux » ou encore « cube d'eau ». Selon la réglementation chinoise, les architectes internationaux en charge de la monumentale infrastructure de la ville doivent être accompagnés d'un homologue du pays : cette interaction entre architectes chinois et étrangers a ouvert les portes à plusieurs jeunes architectes chinois à l'origine d'une nouvelle identité architecturale. La classe moyenne émergente peut désormais vivre, travailler et se divertir dans des complexes résidentiels, des bureaux et des centres commerciaux de style occidental, comme SOHO Shangdu, et être vue dans certains des lieux en vogue de la ville, comme le restaurant LAN de Philippe Starck et le Song Music Bar + Kitchen de Zhong Song. Outre leur aspiration à organiser les premiers Jeux olympiques verts, de nombreux Pékinois espèrent que cet événement sportif international apportera autant à leur ville qu'à Barcelone en 1992

Famoso per la Grande Muraglia, i tetti a pagoda e un'innovativa architettura da giardino, è difficile credere che la lingua cinese non avesse nessuna parola equivalente a architettura fino agli anni venti. Di recente, la fiorente economia del paese e il boom della costruzione hanno attirato l'attenzione di molti tra i migliori architetti di tutto il mondo, impazienti di cogliere l'occasione per creare i loro capolavori in una delle più grandi metropoli del mondo. In campo politico, economico e culturale del paese, il nuovo sta rapidamente sostituendo il vecchio. Quando nel 2001 Pechino fu selezionata per ospitare i giochi olimpici del 2008, la città iniziò a subire una trasformazione piuttosto controversa. Lo sviluppo edilizio legato alle Olimpiadi, dalle infrastrutture sportive e culturali alle installazioni per ospitare attività economiche e commerciali, ha completamente trasformato una città caratterizzata da una tradizionale architettura comunista. La capitale della Cina ha aperto le sue porte a una legione di architetti mondialmente famosi (tra i quali si contano Rem Koolhaas, Sir Norman Foster e Paul Andreu). Il processo di costruzione è stato seguito da vicino (e criticato) dalla stampa internazionale nonché dagli appassionati d'architettura di tutto il mondo e alcuni dei nuovi edifici sono stati già soprannominati come «Egg Shell», «Bird's Nest» e «Watercube». Secondo le normative cinesi, agli architetti internazionali che progettano l'infrastruttura monumentale della città è stato assegnato un collaboratore cinese. Questa interazione tra architetti nazionali e stranieri ha aperto la strada a molti giovani architetti cinesi emergenti, una nuova generazione promettente che sta creando un'identità architettonica fresca. Nell'attualità, l'emergente classe media del paese può vivere, lavorare e divertirsi in edifici, uffici e zone pedonali in stile occidentale, come il SOHO Shangdu e può frequentare alcuni dei ritrovi più alla moda della città, come il ristorante LAN di Philippe Starck e il Bar Musicale con Cucina Song di Zhong Song. Giacché queste aspirano ad essere le prime Olimpiadi Verdi, molti abitanti di Pechino sperano che l'avvenimento sportivo internazionale trasformerà la città come lo fece con Barcellona nel 1992.

Approach Architecture Studio/Liang Jingyu

Approach Architecture Studio Office | 2006

15th Floor, Guorun Tower, No. 8 FuWaiDaJie, Xicheng District

Bei der Umgestaltung der in einem typischen Wolkenkratzer der Altstadt Pekings gelegenen Bürcräume war es das Ziel, trotz des begrenzten Raumes eine schlichte aber kreative Arbeitsumgebung für das Architekturbüro zu schaffen. Die Kombination aus experimentellen Raumkonzepten sowie besonderen Materialien und Oberflächen ergeben ein originelles Innendesign mit einer angenehmen Arbeitsatmosphäre. Dicke Wellpappe dient als Verkleidung für die Bar und verschiedene Elemente im Büro.

Situated in a typical high-rise tower office in the old city, the architecture studio occupying the space tried to create a simple but unique workshop environment within a limited space. The architect experimented with lofty spatial concepts and different material selections and surface furnishings to create an original interior design project and a pleasant working environment. Honeycomb paper board was used for the bar area and suspending elements throughout the office.

Situado en una típica torre de oficinas del casco antiguo, el estudio de arquitectura que lo ocupa trató de crear un entorno de trabajo sencillo pero excepcional dentro de un espacio limitado. El arquitecto experimentó con conceptos espaciales de altura y diversas selecciones de materiales, mobiliario y complementos para crear un original interiorismo y un ambiente de trabajo agradable. Se empleó cartón de nido de abeja en la zona del bar y en los elementos colgantes diseminados por toda la oficina.

Situé dans une haute tour de bureaux typique dans la vieille ville, le studio d'architecture qui occupe l'endroit a essayé de créer un environnement de travail aussi simple qu'unique dans un espace limité. L'architecte a joué avec des concepts spatiaux élevés et différents choix de matériaux et de meubles pour obtenir un projet de design intérieur original et un lieu de travail agréable. Des planches de papier gaufré ont été utilisées pour la zone du bar et des éléments pendent du plafond du bureau.

Situato in un tipico alto grattacielo per uffici nella città vecchia, questo studio d'architettura ha cercato di creare un semplice, anche se unico ambiente da laboratorio in uno spazio limitato. L'architetto ha sperimentato con concetti spaziali elevati e varie scelte di materiali, nonché con arredi, per creare un originale design d'interni e un piacevole ambiente di lavoro. Per la zona bar è stato usato cartone a nido d'ape ed elementi sospesi in tutto l'ufficio.

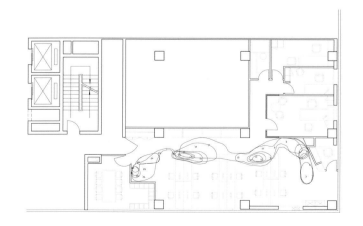

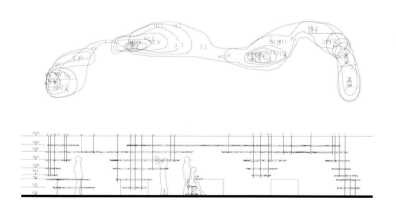

Bligh Voller Nield, CCDI
Beijing Olympic Hockey Temporary Venue | 2007
Forest Park (Northern Precinct of Beijing Olympic Green), Chaoyang District

Für die Sitzränge dieses Hockeygeländes wurden Fertigbauteile aus Stahl und sehr leichtes Fül material verwendet. Nach den 29. Olympischen Sommerspielen in Peking werden die Stahlteile sowie andere Baumaterialien weiterverkauft. Bei dem Bau des Geländes, das eine Fläche von 15.546 m² umfasst, wurden Auflagen berücksichtigt, die die Filterung des Grundwassers, ressourcensparendes Bauen und stabile, für das Hockeyspiel geeignete Materialien beinhalten. Eine der größten Herausforderungen lag darin, eine Rasensorte zu finden, die sowohl dem trockenen Pekinger Klima standhält als auch in der Lage ist, Wasser zu filtern und zu speichern.

The seating tiers of this temporary hockey venue utilises prefabricated steel frame and lightweight in-fill material. After the 29th Olympic Games, the steel and other materials will be dismantled and sold back to the market. Covering 15,546 m², the hockey venue underwent strict requirements and inspection by the International Olympic Committee (IOC) and sports governing bodies, such as the ground's water infiltration and preservation capabilities, and hockey puck's bounce and friction. One of the biggest engineering challenges was to find a turf which, considering the arid Beijing environment would still be capable of both water infiltration and preservation.

Las gradas de estas instalaciones de hockey están compuestas de un armazón de acero prefabricado y recubiertas de un material ligero. Tras los 29º Juegos Olímpicos, tanto el acero como el resto de materiales se desmontarán y se pondrán a la venta. Con una superficie de 15.546 m², las instalaciones fueron sometidas a exigencias relacionadas con el drenaje de las pistas y el grado de rebote del disco de hockey. Los ingenieros buscaron un césped que, teniendo en cuenta la aridez del terreno de Beijing, cumpliera con los requisitos de drenaje y resistencia.

Les gradins de ce site de hockey ont une structure d'acier préfabriquée et utilisent un matériau de remplissage léger. Au terme des 29e Jeux olympiques, l'acier et le reste des matériaux seront démontés et revendus. Couvrant une surface de 15 546 m², le site a été soumis aux exigences en relation avec le drainage du sol, ainsi qu'avec la capicité de rebonds des palets. Les ingénieurs durent trouver un gazon capablede permettre, malgrés l'environnement aride de Beijing, tant son drainage que sa bonne conservation.

Le file di posti a sedere di questo stadio di hockey si servono di strutture d'acciaio prefabbricate e di materiale da riempimento leggero. Una volta che si sarà conclusa la 29ª edizione dei Giochi Olimpici, l'acciaio e gli altri materiali verranno smantellati e rivenduti. Con un'area di 15.546 m², lo stadio è stato sottoposto a rigorose ispezioni relative a le capacità d'infiltrazione e di protezione dell'acqua nel terreno, e la capacità di rimbalzo del dischetto. Gli ingegneri hanno usato un tipo di zolla che, considerando l'arido clima di Pechino, potesse essere in grado tanto di permettere quanto di preservare l'infiltrazione dell'acqua.

Bligh Voller Nield, CCDI
Beijing 2008-Olympic Green Tennis Centre | 2007
Forest Park (Northern Precinct of Beijing Olympic Green), Chaoyang District

Das Olympic Tennis Centre verfügt über einen Zentralplatz mit 10.000 Sitzen, Show Courts mit insgesamt 4.000 Sitzen, sieben Turnierplätze mit 200 Sitzen und sechs Trainingsplätze. Das Design der drei Hauptplätze erinnert von Weitem an die Lotusblüten, die auch im nahegelegenen Waldpark zu finden sind. Die außergewöhnliche Blütenform fügt sich nicht nur harmonisch in die Landschaft ein – ihre offene Gestaltung, die den Blick nach innen und außen freigibt, ermöglicht außerdem eine natürliche Kühlung der Innenräume. Dank seiner kreisförmigen Gestaltung bietet der Zuschauerraum des Zentralplatzes sowohl eine exzellente Sicht auf das Spielfeld als auch eine große räumliche Nähe zum Spielgeschehen. Das Tenniszentrum wird nach den Olympischen Spielen Sitz des Chinesischen Tennisverbandes.

The Olympic Tennis Centre is a permanent venue which includes a 10,000-seat centre court, 4,000-seat show courts, seven 200-seat match courts and six practice courts. The design of the three main courts resembles three lotus flowers from afar, which blend into the nearby forest park. As well as creating a striking element in the surrounding landscape, the open "flower form" also allows views both in and out of the stadium and facilitates natural cooling for the interior of the arena. The Centre Court's seating bowl is circular-like, giving excellent sight-lines and proximity to the field of play. The venue will become the home of the Chinese Tennis Federation after the international sporting competition.

El Centro Olímpico de Tenis consta de una pista central con 10.000 asientos, varias pistas de exhibición de 4.000 asientos, siete pistas de competición de 200 localidades y seis pistas de entrenamiento. El diseño de las tres pistas principales recuerda el de tres flores de loto que se funden con el cercano parque forestal. La «forma floral» abierta también permite ver el interior y el exterior del estadio y facilita la refrigeración natural de las pistas. Las gradas de la pista central tienen forma circular y proporcionan una excelente visión y proximidad al terreno de juego. Una vez finalizada la competición deportiva internacional, el centro se convertirá en la sede de la Federación China de Tenis.

Le Centre olympique de tennis comprend un court central de 10 000 places, des courts d'exhibition de 4 000 places, sept courts pour matchs de 200 places et six courts d'entraînement. Le design des trois courts principaux s'apparente de loin à trois fleurs de lotus qui se fondent dans la forêt à proximité. La « forme florale » ouverte offre des vues dans et hors du stade et permet le refroidissement naturel de l'intérieur de l'enceinte. Les tribunes du court central sont de forme circulaire, offrant ainsi une bonne vision et une proximité au terrain de jeu. Le site deviendra propriété de la fédération chinoise de tennis au terme de la compétition sportive internationale.

L'Olympic Tennis Centre comprende un campo centrale con 10.000 posti a sedere, campi per esibizioni da 4.000 posti, sette campi da gioco con 200 posti e sei campi d'allenamento. Il design dei tre campi principali ricorda la forma di altrettanti fiori di loto, che si uniscono con il parco circostante. La «forma floreale» aperta offreuna vista interna ed esterna dello stadio e favorisce un clima fresco all'interno. La zona degli spettatori del campo centrale è a semicircolo, e garantisce un'eccellente visione e una prossimità al campo di gioco. Il centro diventerà la sede della Federazione Tennistica Cinese, una volta concluso l'evento sportivo.

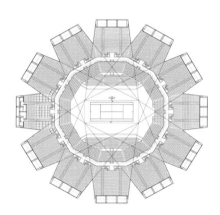

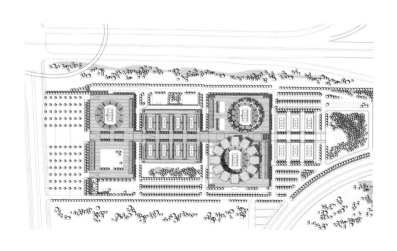

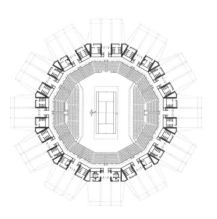

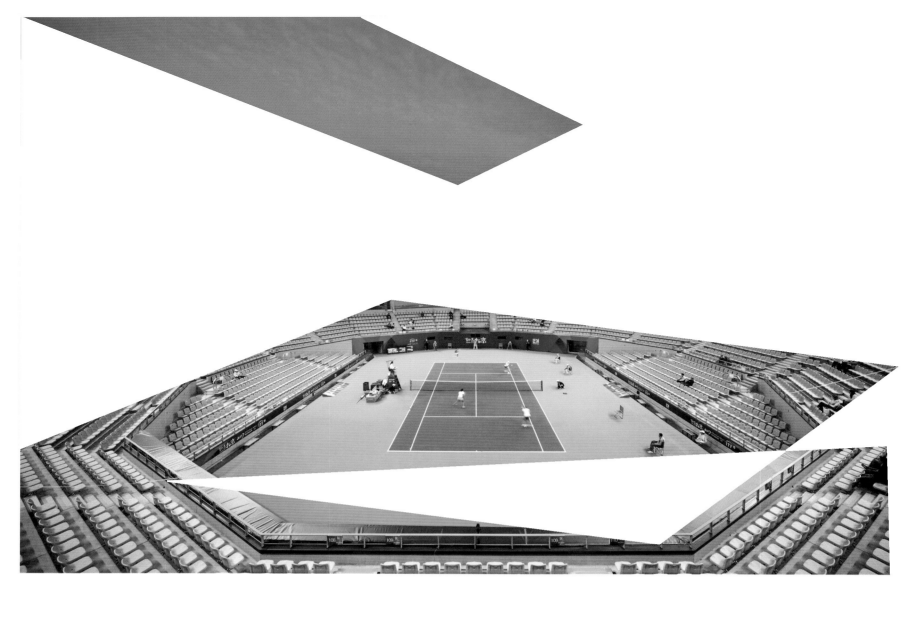

Bligh Voller Nield, EDAW
Shunyi Aquatic Park | 2007
Mapo Village, Shunyi District

Als einer der zwölf für die Olympischen Spiele neu errichteten Austragungsorte nimmt der „Shunyi Olympic Rowing-Canoeing Park" mit 31.850 m² die größte Fläche ein. Die Wasseroberfläche beträgt 6,35 Millionen m², während die Grünfläche 5,8 Millionen m² umfasst. Dieser Ruder- und Kanupark ist der weltweit einzige Ort des Kanusports, an dem sowohl Flachwasser-Kanu als auch Kanu-Slalom betrieben werden können. Er bietet Platz für bis zu 37.000 Sitz- und 10.000 Stehplätze. Nach den Olympischen Spielen wird der Ruder- und Kanupark in einen erstklassigen Schwimm- und Erholungspark verwandelt.

One of twelve venues built for the 2008 Beijing Olympic Games, the Shunyi Aquatic Park occupies the largest surface area of the venues with a building area of 31,850 m². The water surface area occupies 6.35 million m² and the green surface area 5.8 million m². Hosting all Olympic canoe and kayak events, the park is the world's only first-class rowing-canoeing venue which contains both flat-water and slalom courses. The venue has a seating capacity of 37,000.

El parque acuático de Shunyi es una de las doce instalaciones construidas para los Juegos Olímpicos de Beijing de 2008 y ocupa la mayor superficie del complejo olímpico, con un área edificable de 31.850 m². El agua ocupa una superficie de 6,35 millones de m² y las zonas verdes, 5,8 millones de m². El parque, que albergará la totalidad de las competiciones olímpicas de canoa y kayak, es la única instalación de remo y piragüismo de primera clase del mundo que posee tanto circuitos de aguas tranquilas como de eslalon. El centro tiene capacidad para 37.000 espectadores.

L'un des douze sites construits pour les Jeux olympiques de Beijing 2008, le parc aquatique de Shunyi occupe la plus grande superficie des sites avec 31 850 m² construits. La zone d'eau représente 6,35 millions m² et la surface de gazon 5,8 millions de m². Prévu pour accueillir toutes les épreuves olympiques de canoë et de kayak, le parc est le seul site d'aviron et de canoë au monde de première catégorie, avec des parcours tant de course en ligne que de slalom. Le site a une capacité de 37 000 places, dont 1 200 permanentes, 25 800 temporaires et l'espace pour 10 000 personnes debout. Une fois la fureur sportive dissipée, il deviendra un complexe de natation et de loisirs de catégorie mondiale.

Uno dei dodici impianti costruiti in occasione dei Giochi Olimpici di Pechino del 2008, il Shunyi Aquatic Park è il più esteso tra le sedi dei giochi, con un'area di 31.850 m². La superficie d'acqua occupata è di 6.35 milioni di m² e l'area destinata a zona verde è di 5.8 milioni di m². Progettato per accogliere tutte le competizioni olimpiche di canoa e kayak, il parco è l'unico luogo al mondo attrezzato per la regata a remi di prima classe a contenere corsie tanto per il flatwater quanto per lo slalom, e può accogliere 37.000 spettatori.

CL3 Architects/William Lin, Jane Arnett, Joey Wan, Rain Ho, Alice Lei, Vani Cheung, Chi Lo
Nishimura Restaurant | 2007
2/F, Shangri-La Hotel, 29 Zizhuyuan Road, Haidian District

Dieses im Shangri-La Hotel gelegene japanische Restaurant befindet sich im nordwestlichen Teil der Innenstadt Pekings, nahe des Bankenzentrums. Die Einrichtung verrät auf den ersten Blick das Thema: Holz, Schiefer, Steine, Kiesel, Sand, Bambus, Wasser und trockene Äste deuten einen natürlich wachsenden Garten an. Die Kunstwerke trugen mit dazu bei, dass dem Restaurant 2007 der Designpreis „Gold Key Award" verliehen wurde: Eine aus 1.000 Sperrholzplatten zusammengesetzte Wand, in die zwei Ovale geschnitten sind; eine riesige, ebenfalls aus Sperrholz bestehende Halbkugel sowie eine wellenförmig sperrholzverkleidete Sushi-Theke.

This Japanese restaurant in the Shangri-La Hotel is located in the north-western part of the greater urban area of Beijing, close to the financial district. The theme for the restaurant is the natural garden, reflected in the use of wood, s ate, rocks, pebbles, sand, bamboo, water and dried tree branches. Artwork mounted on the walls is the focal point of this 2007 Gold Key Awards holder. There are three giant artworks: a huge wooden feature wall made of 1,000 plywood sheets with two punctured ovals; a large semi-sphere created by planes of plywood; and a sushi counter with an enclosure in the shape of a wave, also made of bent plywood.

Este restaurante japonés del hotel Shangai-La está situado en la parte noroccidental del área metropolitana de Beijing, junto al distrito financiero. La temática del restaurante es el jardín natural, que se refleja mediante el uso de madera, pizarra, piedra, guijarros, arena, bambú, agua y ramas de árboles secas. De las paredes cuelgan obras de arte que se han convertido en el eje de un local que recibió el premio Llave de Oro del año 2007. Tres de las obras son de tamaño gigante: una enorme pared compuesta de mil capas de madera contrachapada con dos óvalos perforados, una gran semiesfera compuesta por planos de madera contrachapada y un mostrador de sushi en forma de ola, compuesto también por paneles contrachapados doblados.

Ce restaurant japonais dans l'hôtel Shangri-La se trouve au nord-ouest de l'agglomération de Beijing, près du quartier financier. Le thème est le jardin naturel, symbolisé par l'usage du bois, de l'ardoise, de pierres, de galets, de sable, de bambous, d'eau et de branches d'arbres sèches. Les objets d'art sont pendus aux murs et sont devenus la structure même de ce lieu primé en 2007 du Gold Key Awards. Trois des œuvres d'art réalisées en contreplaqué sont gigantesques: un mur composé de 1 000 plaques percées de deux ovales, une grande demi-sphère et un comptoir à sushis avec une enceinte en forme de vague.

Questo ristorante giapponese situato nell'albergo Shangri-La si trova nella parte nord-occidentale della zona urbana di Pechino, accanto al quartiere finanziario. Il tema del ristorante è il giardino naturale, che viene sottolineato dall'uso di legno, ardesia, pietre, ciottoli, sabbia, bambù e acqua. Le opere d'arte diventano l'intera essenza di questo progetto vincitore del Gold Key Awards 2007Sono realizzate su fogli di compensato preparato: un'enorme parete dalle fattezze lignee costituita da 1.0C0 fogli di compensato con due ovali forati; un'ampia semisfera creata con piani di compensato e un banco per il sushi con un profilo a forma d'onda.

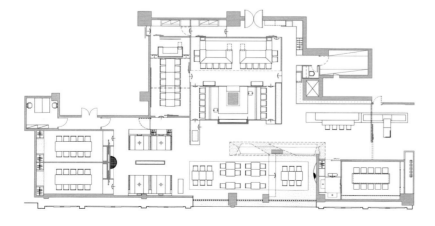

Dirk Jan Postel, Sjoerd Buisman, Universal Architecture Studio/Karin Wolf, Nol van den Boer, Ramon Ong Alok, Hua Li, Royal Haskoning China/Adri Geelhoed, Emilie Lu
Dutch Ambassador's Residence | 2007
10, Dong Si Jie, Sanlitun, Chaoyang District

Das niederländische Botschaftsgebäude liegt in Pekings größtem und modernstem Viertel. Auf einer Fläche von 4220 m² erbaut, ermöglicht das riesige und luxuriöse einstöckige Bauwerk einen direkten Zugang zu jedem der drei Bereiche, ohne die Privatsphäre der Wohnräume aufs Spiel zu setzen. Die Gebäudeflügel öffnen sich zum Garten hin, wo unterschiedliche Materialien dominieren: Gras, Kies, Beton, Blumenbeete, Bambus und Büsche.

The ambassador's residence is situated in Beijing's largest and most modern district. Built on a 4,220 m² site, the single-storey building is designed as a large and luxurious house which offers direct access to each function without jeopardizing the privacy of the living quarters. The building has two wings and the garden is made up of several layers of materials, including grass, gravel, concrete, perforated flower beds, trees, bamboo and green bushes.

La residencia del embajador se encuentra en el distrito más grande y moderno de Beijing. Edificado en un solar de 4.220 m², se trata de un edificio de una sola planta, concebido como una casa amplia y lujosa, que permite el acceso directo a cada una de las dependencias privadas sin poner en peligro la intimidad. El edificio consta de dos alas y el jardín está formado por una serie de capas de materiales entre los que se encuentran hierba, grava, hormigón, lechos de flores perforados, árboles, bambú y arbustos verdes.

La résidence de l'ambassadeur se trouve dans le quartier le plus étendu et moderne de Beijing. Construit sur un terrain de 4 220 m², le bâtiment d'un étage est pensé comme une grande demeure luxueuse, avec un accès direct à chaque parties privées sans nuire à l'intimité. Le bâtiment compte deux ailes et son jardin se compose de plusieurs couches de matériaux, dont du gazon, des graviers, du béton, de lits de fleurs perforés, des arbres, des bambous et des buissons.

La residenza dell'ambasciatore olandese si trova nel quartiere più grande e moderno della città. Situata su un terreno di 4220 m², è stata costruita su un solo livello ed è concepita come una casa ampia e lussuosa con accesso diretto alle varie zone pubbliche senza mettere a repentaglio l'intimità delle stanze private. L'edificio presenta due ali, ognuna delle qua i dà sul giardino costituito da diversi strati di materiali, come erba, ghiaia, calcestruzzo, aiuole con telo perforato, alberi, bambù e cespugli verdi.

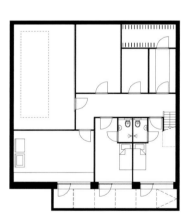

EDGE Design Institute / Gary Chang, Andrew Holt, Howard Chang, Popeye Tsang, Yee Lee
Suitcase House, The Commune by the Great Wall | 2004
Shuiguan Mountains, Badaling

Im Jahr 2001 luden die Entwickler der „Commune by the Great Wall" zwölf junge Architekten ein, elf Häuser und einen Club in Badaling an der Chinesischen Mauer zu entwerfen. Das „Suitcase House Hotel" ist eines der elf Gebäude. Das Innere des aus verschiedenen Ebenen bestehenden metamorphen Bauwerks lässt sich mühelos von einem einzigen offenen Saal in hintereinander angeordnete Innenräume verwandeln. Beispielsweise lassen sich alle Schiebewände öffnen und man kann tagsüber von einem einzigen, offenen, riesigen Raum profitieren. Am Abend bieten nach einer Party einzelne Räume Platz für insgesamt 14 Gäste.

In 2001 the developers of The Commune by the Great Wall invited twelve young Asian architects to design eleven houses and a club at the base of the Badaling section of the Great Wall. Suitcase House Hotel is one of the eleven buildings of this complex. Presented in a stacking of strata, the dwelling is designed as a metamorphic volume which slides effortlessly from an open space to a sequence of rooms. Thus, for example, all the sliding partitions can be opened to enjoy a totally indoor open space in the daytime. A party could be held in the evening and rooms could accommodate up tot 14 guests.

En 2001, los promotores de una comuna invitaron a doce jóvenes arquitectos asiáticos a diseñar once casas y un club en la base de la sección Badaling de la Gran Muralla. El hotel Suitcase House es uno de los once edificios de dicho complejo. Presentado como un amontonamiento de estratos, la vivienda ha sido concebida como un volumen metamórfico que pasa sin esfuerzo del espacio abierto a la secuencia de habitaciones. Así, por ejemplo, todos los tabiques correderos podrían moverse y se disfrutaría de un espacio abierto bajo techado durante el día. Por la noche, puede celebrarse una fiesta y las distintas estancias podr´an alojar a un máximo de catorce personas.

En 2001, les promoteurs du complexe «The Communeby the Great Wall» ont invité douze jeunes architectes asiatiques à concevoir onze maisons et un club au pied de la section Badaling de la Grande Muraille. L'hôtel Suitcase House est l'un des onze bâtiments de ce complexe. Présenté dans un empilement de couches, le logement est conçu comme une volume métamorphique qui passe aisément d'un espace ouvert à une enfilade de pièces. Par exemple, toutes les cloisons sont coulissantes afin de pouvoir profiter d'un espace intérieur complètement ouvert pendant la journée. Une fête peut se tenir le soir et les pièces peuvent accueillir jusqu'à 14 hôtes.

Nel 2001, i fautori del «Comune della Grande Muraglia» invitarono dodici giovani architetti asiatici a progettare undici case e un club alla base della sezione Badaling della Grande Muraglia. La Suitcase House Hotel è una delle undici costruzioni di questo complesso. Presentata come una serie di strati, l'abitazione è stata disegnata come un volume metamorfico che può passare facilmente da uno spazio aperto a una sequenza di stanze,quindi essendo possibile aprire tutte le pareti scorrevoli e avere a disposizione un unico spazio interno durante il giorno. Di sera vi si può organizzare una festa e le stanze ospitare fino a 14 persone.

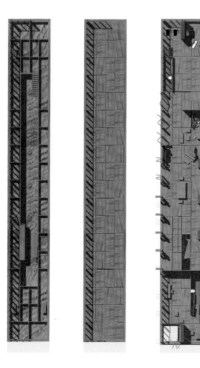

Foster + Partners, Beijing Institute of Architectural Design (BIAD), ARUP, Michel Desvigne
Beijing Capital International Airport | 2008
Beijing Olympic Park, Chaoyang District

Zwischen der vorhandenen und der neu zu errichtenden dritten Landebahn gelegen, bildet das Terminal 3 am Pekinger internationalen Flughafen den technisch modernsten, effizientesten, komfortabelsten und ökologisch nachhaltigsten Flughafen. Das Terminal steckt voller Symbolik: Das aerodynamische Dach und seine drachenähnliche Form vereinen den Nervenkitzel des Fliegens in sich, während die goldene Farbe des Daches an die Verbotenen Stadt erinnern läßt. Das Innere enthält mit seiner Palette aus Rot- Orange- und Gelbtönen die traditionellen chinesischen Farben.

Terminal 3 at Beijing Capital International Airport is the most advanced airport in terms of technology, operational efficiency, comfort, sustainability and light. Full of symbolism, the aerodynamic roof and dragon-like form celebrate the thrill of flight; the gold resonates with the Forbidden City; and the interior palette of red, orange and yellow evoke the traditional Chinese colours.

Situado entre la pista de aterrizaje actual y la futura tercera pista, la terminal 3 del aeropuerto internacional de Beijing es el aeropuerto más avanzado en tecnología, eficacia funcional, comodidad, sostenibilidad e iluminación. Repleto de simbolismo, el techo aerodinámico en forma de dragón constituye un canto a la emoción inherente al hecho de volar; el color dorado del tejado es un eco de la Ciudad Prohibida y los tonos rojizos, anaranjados y amarillos del interior evocan los tradicionales colores chinos. Con una superficie aproximada de 1,3 millones de m², la nueva terminal es el primer edificio en superar la barrera de un millón de metros cuadrados. Se calcula que en el año 2020, la terminal dará cabida a unos 50 millones de pasajeros al año.

Le terminal 3 de l'aéroport international de Beijing est le plus avancé en technologie, efficacité, confort, développement durable et illumination. Plein de symbolisme, le toit aérodynamique et la forme de dragon rendent hommage à l'émotion inhérentedu vol, le toit doré fait écho à la Cité interdite et les tons rouges, oranges et jaunes évoquent les couleurs chinoises traditionnelles.

Il nuovoTerminal 3 dell'Aeroporto Internazionale di Pechino è l'aeroporto più avanzato in quanto a tecnologia, operatività, comfort, sostenibilità e illuminazione naturale. Le forme aerodinamiche ricordano la forma di un drago ed esaltano l'emozione e la poesia del volo, mentre il tetto d'oro echeggia la Città Proibita e la gamma cromatica degli interni con il rosso, l'arancione e il giallo evoca i toni tradizionali cinesi. Con un'area di circa 1.3 milioni di m², il nuovo terminal è il primo edificio a superare il limite del milione di metri quadrati e si calcola che potrà accogliere 50 milioni di passeggeri l'anno entro il 2020.

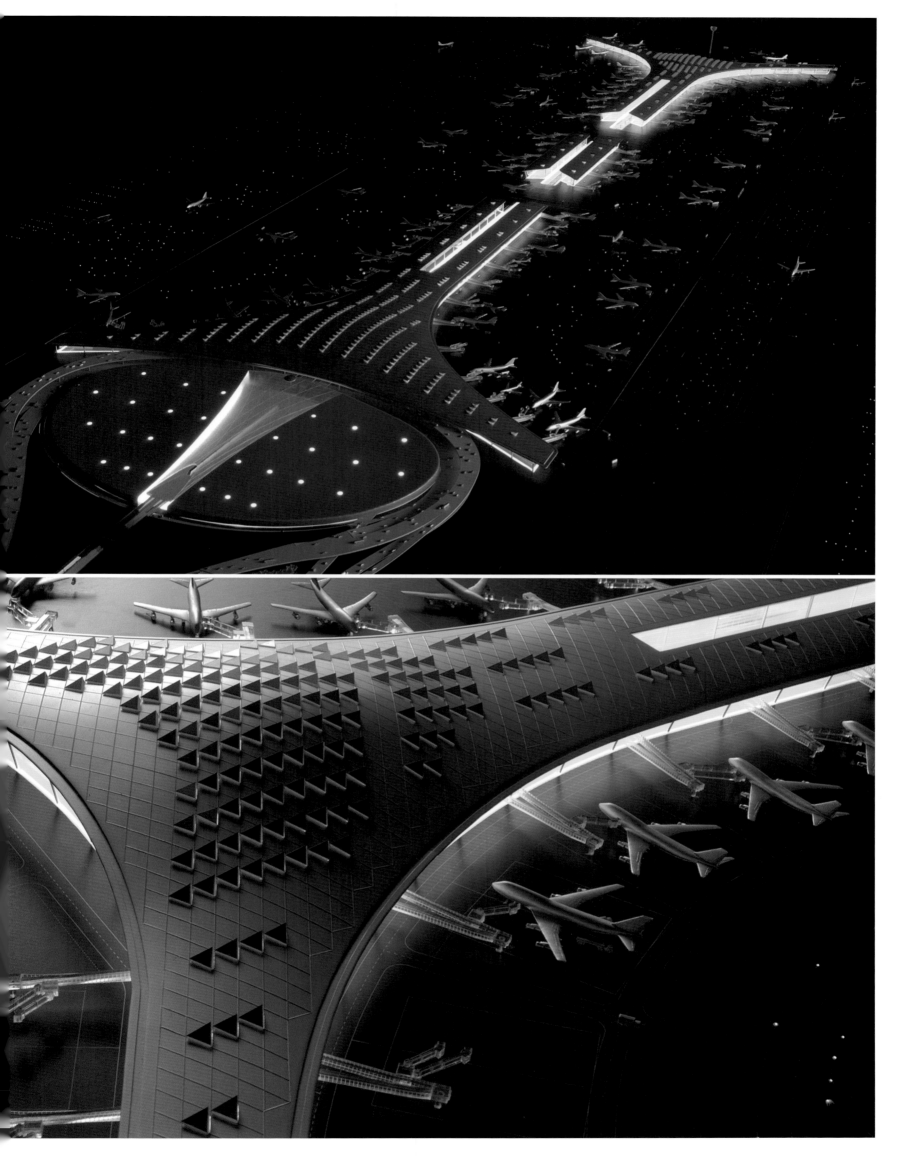

GMP (von Gerkan, Marg and Parnters Architects)

Zhongguancun Christian Church | 2007

9, Caihefang Lu, Haidian District

Die größte christliche Kirche Chinas liegt auf einem Grundstück zwischen dem Zhongguancun Cultural Centre und der Bücherstadt von Haidian. Sie bietet einen Raum, der Öffentlichkeit und Privatsphäre optimal miteinander vereint. Die Kirche gilt als Außergewöhnlich: Im Erdgeschoss befinden sich Geschäfte sowie die Büros der Kirchengemeinde; in der zweiten und dritten Etage des Süd- und Westflügels liegen die Gemeinschaftsräume der Kirchengemeinde. Die streifenförmig angeordnete Fassade, die reichlich Tageslicht in die Innenräume lässt, bildet das vereinende Element. Diese Streben gehen an einer Seite in ein Kreuz über.

The largest Christian Church in China is situated in the open space between Zhongguancun Cultural Tower and the Haidian Book City and is characterized by its public-private partnership. This church is unlike any other; commercial spaces can be found on the ground floor and parish offices and community spaces on the second and third floors of the south and west wings. While the rod system forms a unifying skin, which lets in sufficient daylight, it also counteracts the impression of a heterogeneous structure. The rod system develops into the symbol of the cross.

La mayor iglesia cristiana de China está situada en un descampado entre la Torre Cultural de Zhongguancun y la Ciudad de los Libros del distrito de Haidian y se caracteriza por ser una sociedad público-privada. Se trata de una iglesia única en el mundo: en la planta baja hay locales comerciales y en la segunda y tercera plantas de las alas este y sur hay oficinas parroquiales y salas comunitarias. El sistema de cañas forma una superficie uniforme que permite la entrada de suficiente luz, al tiempo que contrarresta la sensación de heterogeneidad que produce la estructura. El entramado de barras también está presente en el símbolo de la cruz.

La plus grande église catholique de Chine se trouve dans un espace ouvert entre le centre culturel de Zhongguancun et la bibliothèque d'Haidian. Elle se caractérise par son partenariat public/privé. Cette église est sans pareille : le rez-de-chaussée comporte des espaces commerciaux, alors que les bureaux de la paroisse et des espaces communautaires se trouvent aux deuxième et troisième étage des ailes sud et ouest. Le système de barres forme une enveloppe homogène laissant passer suffisamment de lumière et compense l'impression de structure hétérogène. Il se développe pour prendre la forme d'une croix.

La più grande chiesa cristiana della Cina si tra la Zhongguancun Cultural Tower e la Haidian Book City ed è caratterizzata dalle partecipazione di pubblico e privato. Questa chiesa è assolutamente originale: al piano terra ci sono spazi commerciali, mentre al secondo e al terzo piano delle ali sud e ovest ci sono gli uffici della parrocchia e spazi comunitari. Il sistema di pali costituisce una sorta di pelle unificatrice dell'edificio, che permette di far entrare abbastanza luce solare Tale sistema si sviluppa fino a formare il simbolo della croce, che identifica l'edificio come chiesa cristiana.

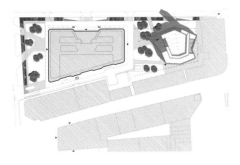

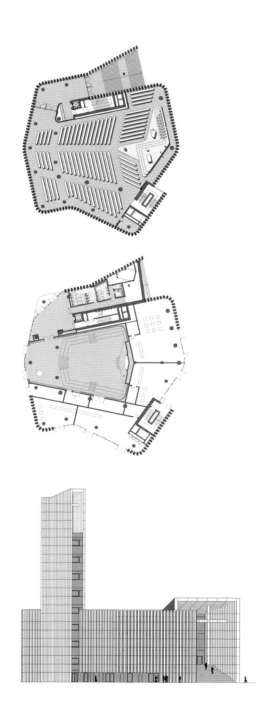

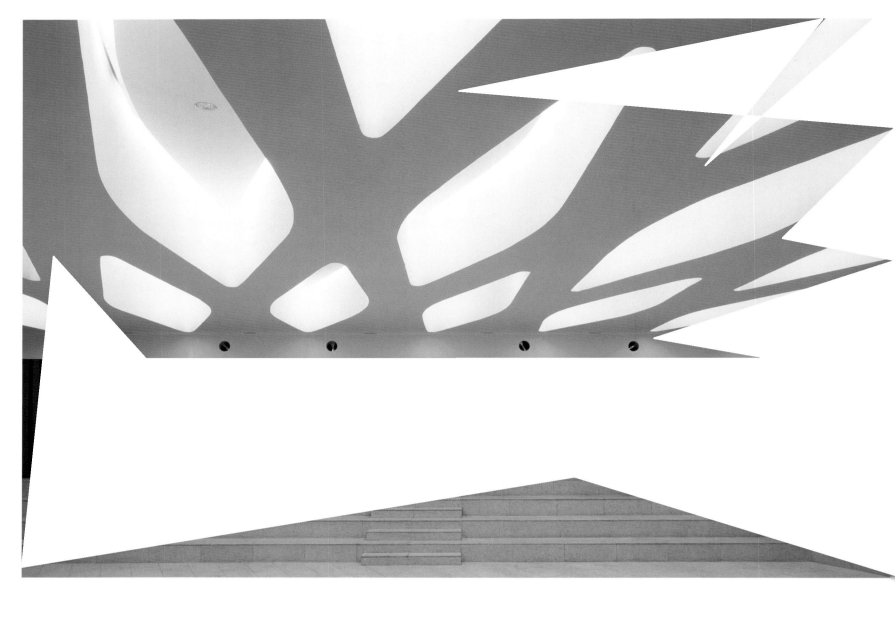

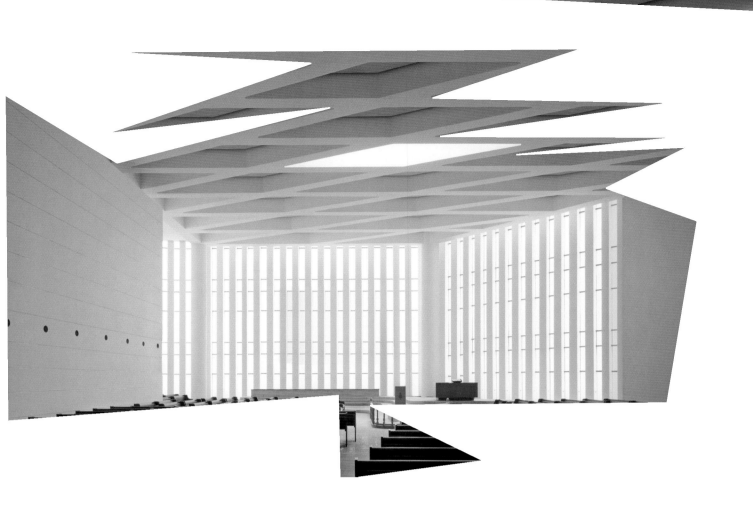

GMP (von Gerkan, Marg and Parnters Architects)
Zhongguancun Cultural Center | 2006
66 West Beisihuan Road, Haidian District

Das Zhongguancun Cultural Centre liegt in dem für seine High-Tech-Industrie und höhere Bildungseinrichtungen bekannten Stadtviertel Haidin. Aus Glas geformte Bänder umgeben das Gebäude, das dadurch in einer fließenden Bewegung zu verharren scheint. Mit Hilfe von Spiegeln können Bilder auf die Fassade projiziert werden – diese Einrichtung macht das Gebäude bei Nacht zu einem leuchtenden Symbol für moderne Medientechnologie. Über der von Süden nach Norden verlaufenden Einkaufspassage öffnet sich auf den ersten sechs Stockwerken eine großzügig geschnittene Galerie. Ein Business-Center mit Restaurants, Bars, Diskotheken und verschiedenen Terrassen, die einen überwältigenden Panoramablick über Peking bieten, findet auf der obersten Etage Platz.

The Zhongguancun Cultural Center is situated in Beijing Haidin District, famous for its high-tech industry and institutions of higher learning. The building is enclosed by surrounding glass strips, which give it a seemingly flowing movement. With the support of mirror, images can be projected onto the building's façades, making it a symbol of modern media technology at night. A mall in north-south direction provides a generous gallery space on the first six floors. A business centre with restaurants, bars, discotheques and terraces can be found on the roof level, from where panoramic views of Beijing can be enjoyed.

El Centro Cultural de Zhongguancun se encuentra en el Distrito de Haidian de Beijing, famoso por su industria de alta tecnología y sus instituciones de estudios superiores. El edificio está rodeado de láminas de cristal que le confieren una aparente fluidez. Por la noche, el uso de espejos permite proyectar imágenes en las fachadas del edificio, convirtiéndolo así en símbolo de la moderna tecnología multimedia. Un bulevar que discurre en dirección norte-sur proporciona una amplia galería a las seis primeras plantas. En el último piso hay un centro comercial compuesto de restaurantes, bares, discotecas y terrazas desde donde puede disfrutarse de vistas panorámicas de Beijing.

Le centre culturel de Zhongguancun se trouve dans le quartier d'Haidian de Beijing, célèbre pour son industrie de pointe et ses institutions d'élite. L'édifice est enveloppé de bandes vitrées qui simulent un mouvement fluide. Grâce à un miroir, des images peuvent être projetées sur les façades du bâtiment, ce qui en fait un symbole de technologie moderne la nuit. Une galerie marchande dans l'axe nord-sud présente un généreux espace sur les six premiers étages. Un centre commercial avec restaurants, bars, discothèques et terrasses, occupe le toit, d'où profiter de vues panoramiques de Beijing.

Il Centro Culturale Zhongguancun si trova nel quartiere Haidin di Pechino, famoso per le sue industrie high-tech e per gli istituti d'istruzione superiore. L'edificio è racchiuso in strisce di vetro che gli conferiscono un apparente movimento fluido. Grazie alle pareti a specchio, sulle facciate dell'edificio possono essere proiettate delle immagini che, di notte, lo convertono in un simbolo della moderna tecnologia mediale. Una zona pedonale in direzione nord-sud fornisce una vasta galleria nei primi sei piani. Sul tetto, si trova un centro commerciale, con ristoranti, bar, discoteche e terrazze, da cui è possibile godersi magnifiche panoramiche sulla città di Pechino.

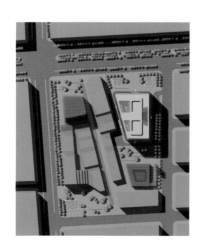

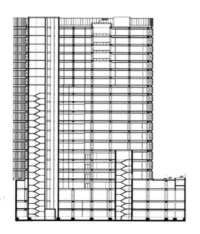

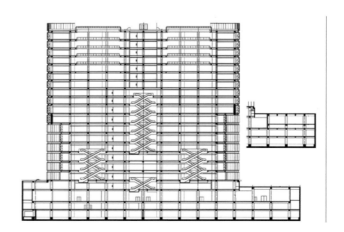

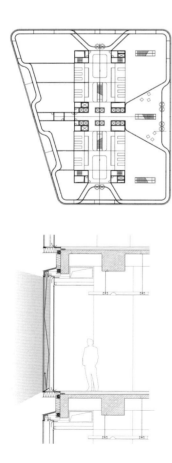

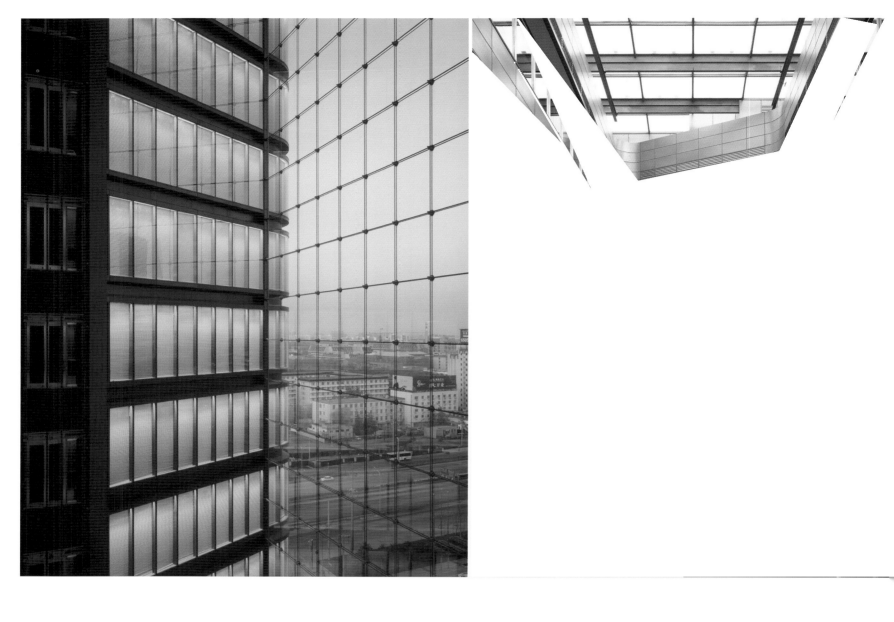

Graft / Gregor Hoheisel, Lars Krueckeberg, Thomas Willemeit, Wolfram Putz, Bertil Donker, Burke Greenwood, Christian Taeubert, Donna Riedel, Nico Bornmann, Ing-Tse Chen, Sun Da Yong, Tina Troester, Wei Xin
Eric Paris Salon | 2007
1 Guang Hua Lu Kerry Center Shop, CBD, Chaoyang District

Das Designbüro Graft eröffnete im Jahr 2003 seine Zweigstelle in Peking – Partner für den asiatischen Markt ist Gregor Hoheisel. Der erste Schritt bei der Neugestaltung dieses exklusiven Haarsalons im Beijing Kerry war es, den neu hinzugekommenen Raum in der zweiten Etage mit der bereits existierenden Eingangshalle, dem Einkaufsbereich und der Rezeption im Erdgeschoss zu verbinden. Eine Rolltreppe verbindet die beiden Stockwerke miteinander und bildet eine Art vertikalen „Laufsteg". Wie riesige sinnliche Fingernägel wirken die farbigen Metallpaneele, mit denen die Treppe verkleidet ist.

The design firm in charge of this project opened their Beijing office in 2003 with Gregor Hoheisel as Associate Partner for the Asian market. The remodel of this exclusive salon situated in the Beijing Kerry Centre started with the need to connect the newly acquired second floor space to the existing saloon entrance, retail space and reception on the ground floor. A fluid staircase links the two spaces and creates a vertical "catwalk". Clad in colourful metal panels the staircase provides an allusion to shiny and sensuous bold fingernails.

El estudio de diseño encargado de este proyecto abrió su oficina de Beijing en 2003, con Gregor Hoheisel como socio para el mercado asiático. El origen de la remodelación de este exclusivo salón de belleza situado en el Beijing Kerry Centre fue la necesidad de comunicar la segunda planta que acababa de adquirirse con la antigua entrada de la misma, el área comercial y la recepción de la planta baja. Una escalera móvil conecta ambos niveles y crea una «pasarela» vertical. Cubierta de paneles de metal de vivos colores, la escalera hace alusión a unas uñas llamativas, brillantes y sensuales.

L'entreprise de design chargée de ce projet a ouvert ses bureaux à Beijing en 2003, en partenariat avec Gregor Hoheisel pour le marché asiatique. La remodélation de ce salon exclusif a débuté par la connexion du nouvel espace au deuxième étage avec l'entrée, l'espace de vente et la réception au rez-de-chaussée. Un escalier fluide relie les deux niveaux et crée une « passerelle » verticale. Des panneaux métalliques de couleur tapissent l'escalier, évoquant des ongles brillants et voluptueux.

Lo studio di design, ha aperto i suoi uffici a Pechino nel 2003 con Gregor Hoheisel come socio per il mercato dell'Asia. La ristrutturazione di questo salone esclusivo collocato nel Beijing Kerry Centre, è partita dal bisogno di collegare il recentemente acquisito secondo piano alla preesistente entrata del salone, allo spazio di vendita al dettaglio e alla reception, che si trova al piano terra. Una scalinata fluida mette on comunicazione questi due ambiti e dà luogo a una «passerella» verticale. Ricoperta con variopinti pannelli di metallo, la scala allude a lucide e sensuali unghie dipinte.

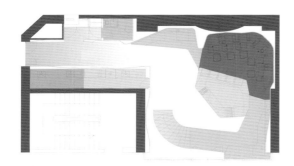

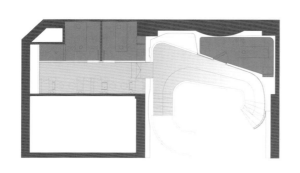

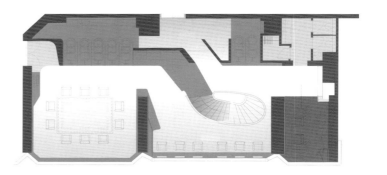

Herzog & De Meuron, Arup, China Architecture Design Institute
National Stadium | 2008
Beijing Olympic Green, Chaoyang District

Jacques Herzog und Pierre de Meuron schufen ein auf geniale Weise ineinander verschachteltes Stadion für die 2008 in Peking statt-findenden Olympischen Spiele. In unmittelbarer Nähe zum „Shunyi Olympic Rowing-Canoeing Park", werden die Athletik- und Fußball-Turniere sowie die Eröffnungs- und Schlusszeremonien stattfinden. Mit einem gitterartigen, aus Betonstreifen erstellten Netz wurde die auffällige Kugelform hergestellt, die an ein Vogelnest erinnert und dem Gebäude seinen Spitznamen eingebracht hat. In dem 330 Meter langen, 220 Meter breiten und 60,2 Meter hohen Gebäude finden hier 100.000 und danach bis zu 80.000 Zuschauer Platz.

The Pritzer-Prize winning Swiss team of architects, Jacques Herzog and Pierre de Meuron, created an ingeniously intricate stadium for the 2008 Beijing Olympics. Located next to the National Aquatics, the stadium will host the event's athletics and football competitions as well as the opening and closing ceremonies. The lattice-like network of concrete strips forms the stadium's bowl shape resembling a bird's nest, the building's nickname. The 330-metre long, 220-m wide and 69.2-m tall building will have a seating capacity of 100,000 spectators during the Games and up to 80,000 thereafter.

Para las Olimpiadas de Beijing de 2008, el equipo suizo de arquitectos ganador del premio Pritzker y formado por Jacques Herzog y Pierre de Meuron creó un estadio de una ingeniosa complejidad. Situado junto al Centro Acuático Nacional, el estadio será sede de las competiciones de atletismo y fútbol, además de las ceremonias de apertura y clausura. La cúpula del estadio está compuesta de franjas de cemento que forman un entramado reticular parecido a un nido de pájaro, nombre por el que se conoce al edificio. La construcción, de 330 m de largo, 220 m de ancho y 69,2 m de alto, tiene una capacidad para 100.000 espectadores, que pasará a 80.000 una vez finalizados los Juegos.

L'équipe d'architectes suisses vainqueurs du prix Pritzer, composée de Jacques Herzog et de Pierre de Meuron, a créé un stade ingé-nieusement complexe pour les Jeux olympiques de Beijing 2008. Situé à côté du centre national aquatique dans le Parc olympique, le stade accueillera les épreuves d'athlétisme et de football, ainsi que les cérémonies d'ouverture et de clôture. L'entrelacs aux allures de treillage de bandes de béton donne une forme de bol au stade, qui ressemble à un nid d'oiseaux, d'ailleurs son surnom. De 330 m de long, 220 m de large et 69,2 m de haut, l'édifice aura une capacité de 100 000 places pendant les Jeux, et de 80 000 ensuite.

Il duo vincitore del Pritzer-Prize, formato da Jacques Herzog e Pierre de Meuron, ha creato uno stadio ingegnosamente complesso per le Olimpiadi del 2008. Situato nei pressi del National Aquatics, lo stadio ospiterà le gare di atletismo e di calcio nonché le cerimonie di apertura e di chiusura. Una rete di strisce di calcestruzzo, simili al lattice, che forma l'anfiteatro dello stadio, ricorda la forma di un nido d'uccello, da cui viene il soprannome dell'edificio. Questa struttura di 330 metri di lunghezza, 220 metri di larghezza e 69.2 metri d'altezza potrà accogliere 100.000 spettatori durante i Giochi e fino a 80.000, una volta conclusi.

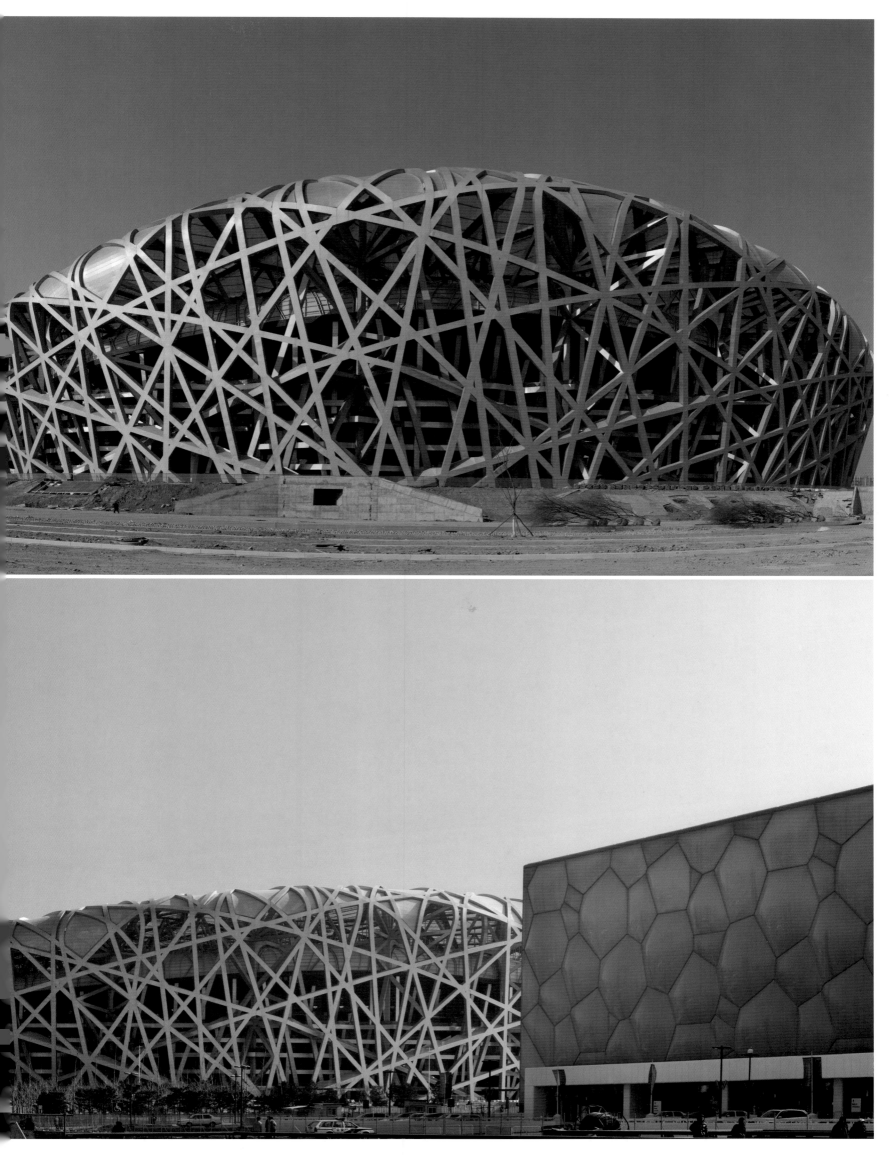

Huanqing Dong, Zuomin Wang
Awfully Chocolate Beijing Store | 2007
Wanda Plaza Building 2-1-08, 93 Jian Guo road, Chaoyang District

Vor zehn Jahren erlernte eine junge Harvard-Studentin in Frankreich die Kunst der Konditorei, woraufhin sie in Singapur ihr eigenes Geschäft eröffnete. Das mittlerweile zu einem erfolgreichen Franchise-Unternehmen gewordene „Awfully Chocolate" eröffnete eine Filiale im internationalen Pekinger Viertel Chaoyang. Das Konzept des Ladens besteht darin, keine Ware auszustellen, keine Werbung zu machen und lediglich drei Sorten Schokoladenkuchen anzubieten. Hinter der (leeren) Kuchentheke befindet sich ein Verkaufsraum, in dem die Gäste sich auf traditionellen, weiß gestrichenen chinesischen Arhat-Betten und bestickten Matten niederlassen können.

Ten years ago a young Harvard University graduate snubbed fancy French pastry-making and opened her own store in Singapore with the humble cake as the protagonist. Now a successful franchise, the Beijing store in the international Chaoyang District follows the Awfully Chocolate tenet of minimalism. The shop does not display products, does not advertise and only offers three chocolate cakes to choose from. Beyond the (empty) counter space is a purchase and rest area for customers, with a Chinese antique "arhat" bed painted white with embroidered mats.

Hace diez años, una joven licenciada de la universidad de Harvard rechazó las florituras de la repostería francesa y abrió su propia tienda en Singapur. Convertida ahora en una franquicia de éxito, la tienda de Beijing, situada en el distrito internacional de Chaoyang, sigue los principios minimalistas de la cadena Awfully Chocolate. En el local no se exhibe ni se anuncia ningún producto y sólo existen tres variedades de pastel de chocolate entre las que elegir. Más allá del mostrador (vacío) hay una zona con una antigua cama de «arhat», pintada de blanco y con manteles bordados, donde los clientes pueden comprar y descansar.

Il y a dix ans, une jeune diplômée de l'université de Harvard a snobé la pâtisserie française et ouvert son propre magasin à Singapour avec un humble cake comme protagoniste. Devenu une franchise à succès, le magasin de Beijing dans le quartier international de Chaoyang obéit au principe de minimalisme d'Awfully Chocolate. Le magasin n'expose pas de produits, ne fait pas de publicité et offre seulement trois gâteaux au chocolat. Au-delà du comptoir (vide) se trouve une zone d'achat et de repos pour les clients, avec un lit « arhat » antique peint en blanc et des tapis brodés.

Dieci anni fa, un giovane laureato alla Harvard University snobbò l'elaborata pasticceria francese e aprì il suo negozio a Singapore Oggi è un affermato franchising, e il negozio di Pechino, situato nel quartiere di Chaoyang, segue il principio minimalista del Tutto Cioccolato. Nel negozio non sono esposti i prodotti, non viene fatta pubblicità e vi è offerta solo una scelta fra tre torte di cioccolato. Oltre il bancone (vuoto) vi è uno spazio dedicato all'acquisto e una zona di riposo per i clienti, dotata di un antico letto cinese «arhat» dipinto di bianco e con tappeti ricamati.

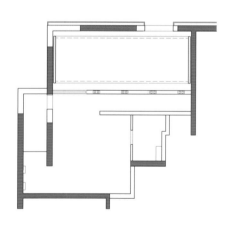

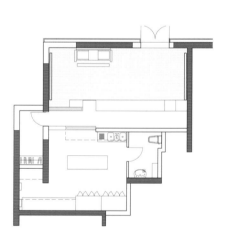

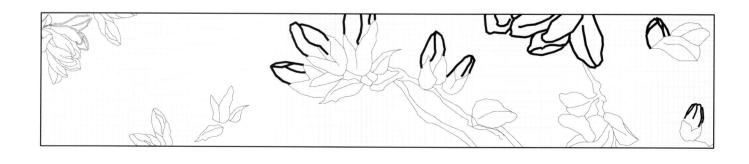

LAB Architecture
Soho Shangdu | 2007
No. 8, Dongdaqiao Road, Chaoyang District

Dieser 170.000 m² große Gebäudekomplex befindet sich auf einer 2,2 Hektar großen Fläche inmitten des zentral gelegenen Pekinger Geschäftsviertels. Der Komplex besteht aus einem Flachbau mit einer 37.000 m² großen Einkaufspassage und zwei mittelhohen Türmen, in denen Büros, Wohnungen und Ateliers untergebracht sind. Das mit schwarzen Paneelen und Glasflächen verkleidete, schlicht gehaltene Äußere kontrastiert mit den lebhaft gestalteten öffentlichen Zonen des Innenbereichs. Soho Shangdu besitzt ein schlichtes Äußeres und ein schillerndes Inneres. Durch eine avantgardistische Beleuchtung erscheint das Gebäude bei Nacht dynamisch und auffällig.

This 170,000 m² development is situated on a 2.2 hectare site within the Chinese capital's Central Business District. The design consists of a low-rise commercial galleria with 37,000 m² of retail space, and two medium-rise towers which hold offices and residential and studio space. A simple rhythm of black panels and glazing on the exterior contrasts with the visual liveliness and public spaces on the interior. Like a geode rock, Soho Shangdu has a simple exterior, which reveals a crystalline interior when cut. Avant-garde lighting creates a dynamic and distinctive image for the city at night.

Este complejo de 170.000 m² está situado en un solar de 2,2 hectáreas en el distrito financiero central de la capital china. El proyecto consiste un una galería comercial de poca altura con una superficie de 37.000 m² de espacio dedicado a la venta al detalle y dos torres de media altura que albergan oficinas, estudios y zonas residenciales. La simple combinación de paneles negros y cerramientos acristalados del exterior contrasta con la animación visual y los espacios públicos del interior. Como la roca geoda, el Soho Shangdu posee un exterior sencillo que deja al descubierto un interior cristalino al seccionarlo. Por la noche, la iluminación vanguardista crea una imagen dinámica e inconfundible.

Ce complexe de 170 000 m² se trouve sur un terrain de 2,2 hectares dans le quartier des affaires de la capitale chinoise. Le design compte une galerie marchande basse, avec 37 000 m² d'espace de vente, et deux tours de hauteur moyenne hébergeant des bureaux, des logements et des ateliers. Une alternance de panneaux noirs et de vitres à l'extérieur contraste avec l'animation visuelle et les espaces publics à l'intérieur. Comme une géode minérale, Soho Shangdu a un extérieur simple qui révèle un intérieur cristallin s'il est découpé. Un éclairage d'avant-garde donne une image dynamique et unique dans la ville.

Questa costruzione di 170.000 m² si trova su un'area di 2.2 ettari nel quartiere di affari della capitale cinese. Il design consiste in una galleria commerciale a pochi piani con una zona di 37.000 m² per negozi, e due grattacieli di media altezza che contengono uffici, abitazioni e studi. Una semplice scansione di pannelli neri e a vetri all'esterno dell'edificiocrea un forte contrasto con l'esuberanza visiva e gli spazi pubblici all'internoll Soho Shangdu presenta un esterno semplice che, quando viene tagliato, rivela un interno cristallino. Un'illuminazione d'avanguardia crea un'immagine dinamica e caratteristica della città di notte.

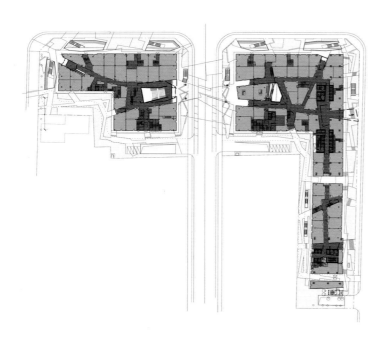

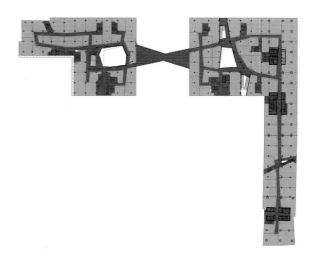

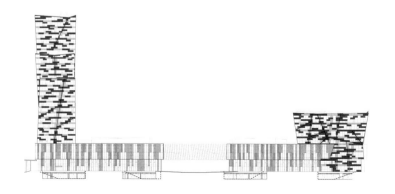

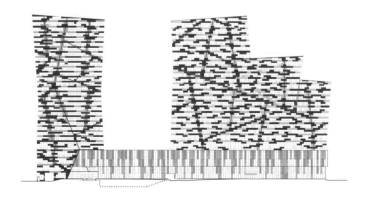

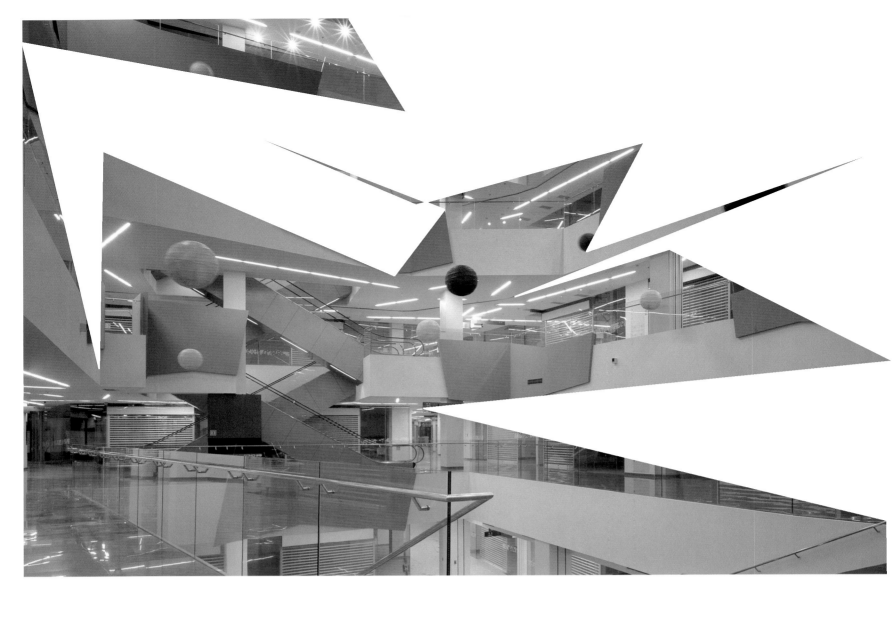

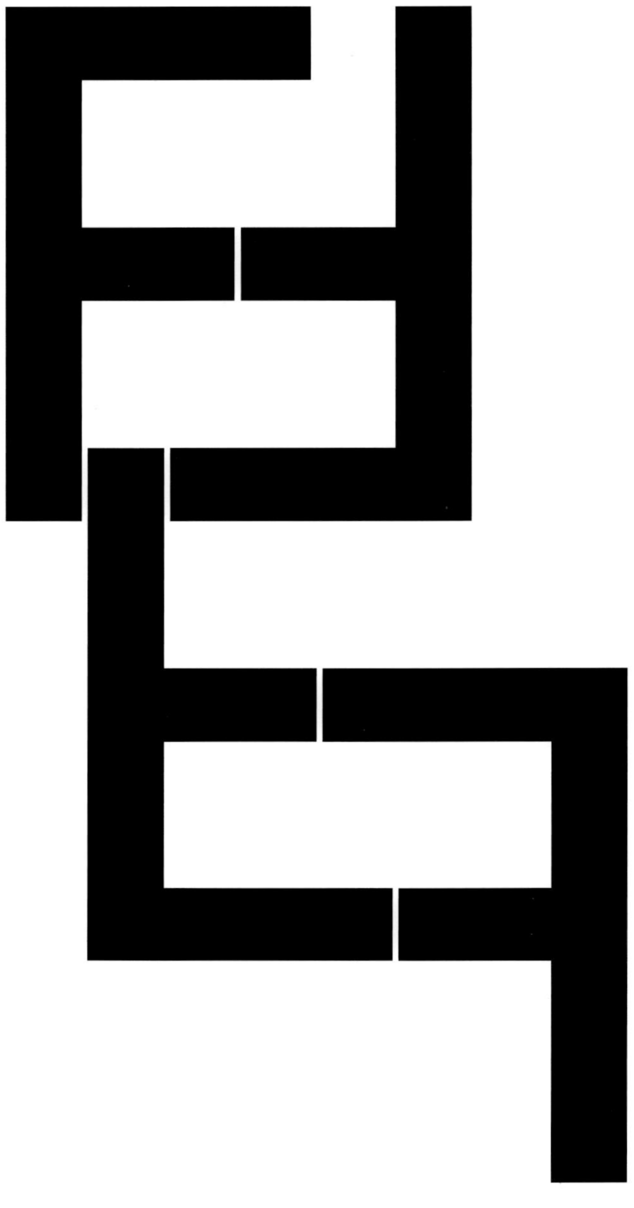

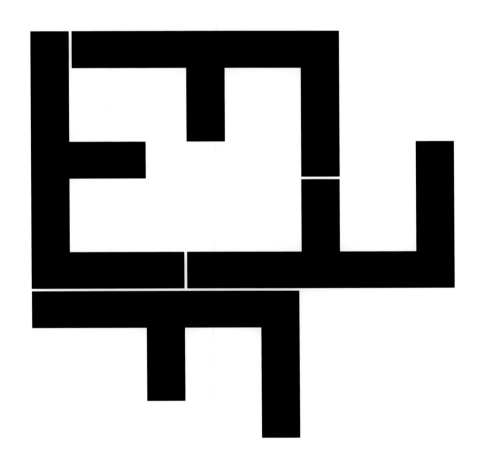

MAD/Florian Pucher, IDEA Design Studio
Hong Luo Club | 2006
Miyun County

Dank der fortschreitenden Vergrößerung der Stadt wurde mittlerweile auch die Peripherie Pekings erschlossen – dort entsteht nun ein stetig wachsender Vorstadtbereich. So ist Hong Luo Villa zu einem beliebten Wohnviertel im Nordosten der Stadt geworden. Das von Natur umgebene Viertel liegt inmitten einer Berglandschaft, die sich im Hong-Luo-See widerspiegelt. Im Zentrum liegt der als öffentlicher Treffpunkt dienende Hong-Luo-Club. Von dem über eine hölzerne Brücke erreichbaren Gebäude führen zwei Seitenzweige ab: ein auf dem See schwimmender Swimming Pool und eine in 1,30 Meter Tiefe liegende Unterwasserplattform. Hier fühlt sich der Besucher, als laufe er mitten durch den See.

With the recent expansion of the city, development in the periphery of the capital has intensively accelerated as well over the last few years with a new suburbia gradually emerging. Hong Luo Villa district is a popular residential area north-east of Beijing. The area sits in a natural environment and is surrounded by mountains, which are reflected in the Hong Luo lake. The club offers a public space at the centre of the district. Accessible via a wooden bridge, the house has two branches: a swimming pool floating on the lake and an underwater platform. Visitors are welcomed to the house at 1,30 m under water, making them feel like they are walking in the lake.

Con la reciente expansión de la ciudad, el desarrollo de la periferia se ha acelerado de manera notable en los últimos años, con la progresiva aparición de nuevos barrios residenciales. El distrito de Villa Hong Luo es una conocida zona residencial situada en el noreste de Beijing. El barrio se encuentra en un entorno rodeado de montañas que se reflejan en el lago Hong Luo. El club constituye un espacio público en el corazón del distrito. La casa, a la que se accede a través de un puente de madera, consta de dos secciones: una piscina que flota en el lago y una plataforma subacuática. Los visitantes son recibidos a 1,30 m bajo el agua, por lo que tienen la impresión de estar caminado sobre el lago.

Avec la croissance récente de la ville, le développement en périphérie s'est aussi énormément accéléré ces dernières années, donnant naissance peu à peu à une nouvelle banlieue. Le quartier d'Hong Luo Villa est une zone résidentielle populaire au nord-est de Beijing. L'endroit se trouve dans un environnement naturel et est entouré de montagnes qui se reflètent dars le lac Hong Luo. Le club offre un espace public au centre du quartier. Accessible par un pont en bois, le bâtiment possède deux extensions : une piscine flottant sur le lac et une plate-forme sous l'eau. Les visiteurs y sont accueillis à 1,30 m sous l'eau, leur donnant l'impression de marcher dans le lac.

A causa della recente espansione della città, negli ultimi anni la periferia della capitale è stata interessata da un rapido sviluppo e ha visto sorgere nuovi sobborghi. Il quartiere Hong Luo Villa è una famosa zona residenziale a nord-est di Pechino. Quest'area è stata edificata in un ambiente naturale ed è circondata dalle montagne, che si rispecchiano nel lago Hong Luo. Il club offre uno spazio pubblico proprio al centro del quartiere. La casa del club è accessibile mediante un ponte di legno, ed è dotata di due parti: una piscina galleggiante sul lago e una piattaforma situata sotto il livello dell'acqua. Gli ospiti sono accolti a 1.30 m sotto l'acqua, il che dà la sensazione di camminare sul lago.

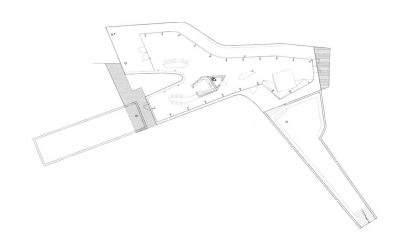

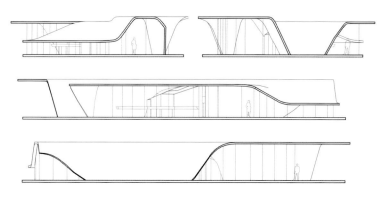

Mark Dziewulski, MCA International/Michael Chen, Nacht and Lewis Architects/John Wong, Beijing Institute of Architectural Design/FENA Zhenggong, Shen Youyi
United Nations Trade Headquarters | 2004
No 8, Fu Tong Dong Da Jie, Wang Jing Area, Chaoyang District

Das Gebäude, das den Hauptsitz der INBAR beherbergt, entspricht der Philosophie von INBAR, die weltweit für nachhaltige Ressourcennutzung eintritt. Der nach oben hin offen verlaufende Tower und die Textur des Bauwerks stehen im Zusammenhang mit dem von INBAR geförderten Material Bambus. Der Richtungsverlauf des symmetrischen Turms lässt diesen dynamisch-skulpturhaft erscheinen, während das Tageslicht dank der schmalen Formen die gesamten Innenräume durchflutet – dies trägt zu einer Reduzierung des Energieverbrauchs bei.

This building, which houses the world headquarters for the U.N. trade body for INBAR emulates INBAR's goals to define and implement a global agenda for sustainable development. The openness of the tower and the textures alluce to the material promoted by the organization: bamboo. The directionality of the symmetrical tower gives it a dynamic and sculptural quality, while the slender, bladelike proportion was designed to allow natural light to reach all interior spaces, thus reducing power usage.

Este edificio, primera sede de las Naciones Unidas en China, alberga la oficina central del organismc comercial del INBAR y está situado en el centro neurálgico de la zona de Wangjing, un nuevo distrito de Beijing. El edificio emula los objetivos del INBAR sobre la puesta en marcha de una agenda global para el desarrollo sostenible. La transparencia de su torre y las texturas de todos sus detalles hacen referencia al bambú. La direccionalidad de la simetría de la torre le confiere dinamismo y un carácter escultórico, mientras que la delgadez y gracilidad de sus proporciones tienen como finalidad la iluminación natural de todos los espacios interiores, con la consiguiente reducción del consumo energético.

Ce bâtiment qui héberge le siège social mondial de l'office du commerce des Nations Unies pour l'INBAR, émule les objectifs de l'INBAR pour fixer et appliquer un agenda mondial pour le développement durable. La transparence de la tour et les textures font référence au matériau promu par l'organisation : le bambou. L'orientation de la tour symétrique lui confère une qualité dynamique et sculpturale, alors que la proportion effilée comme une lame a été pensée pour permettre à la lumière naturelle d'arriver à tous les espaces intérieurs et réduire ainsi la consommation d'électricité.

Questo edificio ospita la direzione mondiale del settore commerciale delle Nazioni Unite per l'INBAR, ed emula le mete dell'INBAR nel definire e implementare un'agenda globale per lo sviluppo sostenibile. La struttura lavorata del grattacielo e la texture dei suoi particolari allude alla forma del materiale promosso dall'organizzazione: il bambù. L'andamento del simmetrico grattacielo gli conferisce una qualità dinamica e scultorea, mentre le sue esili e affilate proporzioni sono disegnate per permettere alla luce naturale di raggiungere tutti gli spazi interni, riducendo così il consumo di corrente elettrica.

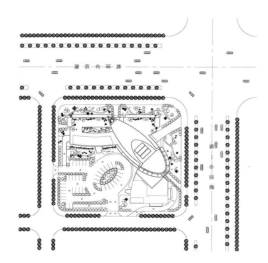

Mohen Design International / Hank M. Chao

Danbo Fun Fast Food Chain | 2008
88 Xi Chang An Jie, Xicheng District

Dieses Fast-Food-Restaurant in Pekings Altstadt wurde entworfen, um 18- bis 35-Jährigen einen jungen, modernen Treffpunkt zu bieten. Ziel war es, dass der Besuch durch ein außergewöhnliches Design zum unvergesslichen Erlebnis wird. Das Ei diente als Inspirationsquelle für die Formen des Gebäudes – es repräsentiert die Frische und den Schwung aufblühender Jugend. In den verspielten Dekorationsmustern spiegelt sich jugendliche Pfiffigkeit wider. An der Wand aufgereihten Lavalampen scheinen schwebende Dotter zu enthalten und runde Formen strahlen Harmonie und Entspannung aus.

This fast food restaurant in Beijing's old city is designed to be a joyful and modern place for 18-to-35 year-olds to dine comfortably. The designers wanted to make the design part of an unforgettable experience. For inspiration they turned to the image of the egg to represent the flourish and energy of youthfulness. The decorative language includes playful patterns to emphasize cuteness, a wall of lava lamps which symbolizes the flow of egg yolk and curved lines to help eliminate any tensions.

Este restaurante de comida rápida situado en el casco antiguo de Beijing ha sido diseñado para que los jóvenes de 18 a 35 años puedan cenar cómodamente en un lugar moderno y alegre. El objetivo de los diseñadores era que el diseño formara parte de una experiencia inolvidable. Como fuente de inspiración recurrieron a la imagen del huevo, como representación de la fuerza y pujanza de la juventud. El lenguaje decorativo consta de una serie de graciosos dibujos que resaltan su atractivo, un aplique de lava en la pared que simboliza el flujo de la yema de huevo y una serie de líneas curvas que contribuyen a eliminar tensiones.

Ce restaurant de fast-food dans la vieille ville de Beijing est pensé pour être un lieu allègre et moderne pour les 18-35 ans où manger confortablement. Les designers voulaient faire du design une expérience inoubliable. En quête d'inspiration, ils ont fait appel à l'image de l'œuf pour symboliser la forme et l'énergie de la jeunesse. Le langage décoratif inclut des motifs amusants pour souligner l'attrait de l'endroit, un mur de lampes à lave à l'image du jaune d'œuf et des lignes courbes pour éliminer les tensions.

Questo ristorante fast food situato nella città vecchia di Pechino è stato progettato per essere un lieto e moderno luogo di ritrovo per clienti con un'età compresa tra i 18 e i 35 anni. I designer hanno voluto trasformare il «Danbo Fun» in un'indimenticabile esperienza. Si sono ispirati all'uovo per rappresentare l'ostentazione e la vitalità della fiorente gioventù. Il linguaggio decorativo include motivi allegri per aumentare il senso di leggerezza, un muro di lampada lava, che simboleggia il flusso del tuorlo dell'uovo, e linee curve per aiutare a eliminare qualsiasi tensione

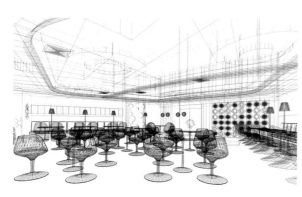

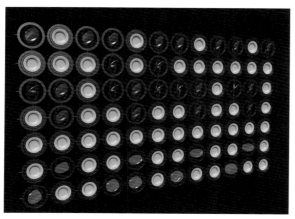

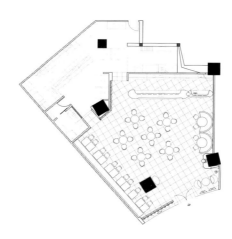

OMA / Rem Koolhaas, Ole Scheeren, East China Architecture and Design Institute (ECADI)
CCTV (China Central Television Centre) Headquarters | 2010
Beijing Central Business District (CBD), Chaoyang District

Rem Koolhaas' und Ole Scheerens 230 Meter hohes CCTV-Gebäude ist das vielleicht bemerkenswerteste Hochhaus in der Skyline der chinesischen Hauptstadt. Dieses aus einer Konstellation von zwei auffälligen Hochhäusern bestehende Bauwerk beherrbergt den Hauptsitz des chinesischen Staatsfernsehens (CCTV) und das TV-Kulturzentrum (TVCC). Die zwei Türme – einer dient als Sendezentrum, der andere enthält Service-, Forschungs-, und Bildungseinrichtungen – erheben sich aus einer Plattform und sind an ihren Spitzen miteinander verbunden. Dieses Verbindungsstück bietet Platz für die Einrichtung exklusiver Penthäuser.

One of many new towers competing to dominate the Chinese capital's skyline, Rem Koolhaas and Ole Scheeren's 230-metre CCTV Tower is probably the most noteworthy and avant-garde. The project consists of an iconographic constellation of two high-rise structures. The two buildings contain the CCTV Television Station and Headquarters and the Television Cultural Centre (TVCC). Two structures – one dedicated to broadcasting, the other to services, research and education - rise from a common production platform joining at the top to create a cantilevered penthouse for management.

La torre de 230 m de la CCTV diseñada por Rem Koolhaas y Ole Scheeren es probablemente el más notable y vanguardista de los numerosos rascacielos que compiten por dominar el skyline de la capital china. El proyecto consta de una constelación iconográfica formada por dos estructuras de gran altura. Los dos edificios albergan la sede central y la emisora de televisión de la CCTV y el Centro Cultural de Televisión (TVCC). Dos estructuras –una dedicada a las retransmisiones y la otra a los servicios, la investigación y la educación– se alzan sobre una plataforma compartida y se unen en la cima para crear un ático voladizo en el que se encuentra la dirección.

L'une des nombreuses tours luttant pour dominer la ligne d'horizon de la capitale chinoise, la tour CCTV de 230 mètres de haut de Rem Koolhaas et Ole Scheeren est probablement celle la plus remarquable et d'avant-garde. Le projet arbore une constellation iconographique de deux structures élevées. Les deux édifices hébergent la chaîne de télévision CCTV et le centre culturel de la télévision (TVCC). Deux structures, l'une consacrée à la diffusion, l'autre aux services, à la recherche et à l'enseignement, s'élèvent d'une plate-forme commune et se rejoignent en haut pour créer un penthouse en porte-à-faux où se trouve la direction.

Uno dei nuovi grattacieli che entrano in lizza per avere il predominio sullo skyline di Pechino, la CCTV Tower di 230 metri, progettata da Rem Koolhaas e Ole Scheeren, è probabilmente la più significativa e innovativa. Il progetto è costituito da un insieme simbolico di due elevate strutture. I due edifici contengono la stazione televisiva e la direzione generale della CCTV nonché il Television Cultural Centre (TVCC). Si tratta di due strutture (una dedicata alla trasmissione, l'altra a servizi, ricerca e educazione) che poggiano su una comune piattaforma di e sono unite alla sommità in modo da formare un ponte-attico a sbalzo per la gestione.

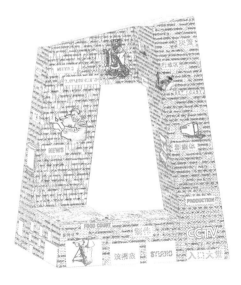

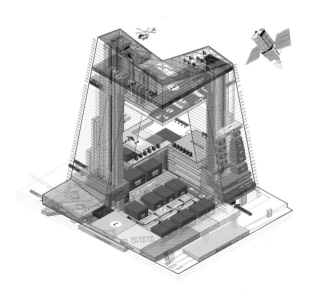

Paul Andreu, ADPI, Beijing Institute of Architectural Design BIAD
National Centre for the Performing Arts | 2007
Beijing Xicheng qu, Xi Changan Jie, 2#, Xicheng District

Das bereits seit seinem Bau im Jahr 2001 umstrittene Nationaltheater liegt an der Westseite de⁻ „Großen Halle des Volkes" – einem von historischen und symbolischen Gebäuden geprägten Ort. Das wegen seiner ellipsenförmigen Kuppel „Eierschale" benannte Bauwerk wurde als eine Theaterstadt konzipiert. Wie eine transparente Insel wirkt der auf einem künstlichen See errichtete, von einem neu angelegten Stadtpark umgebene Kulturkomplex. Das Gebäude beherbergt eine Opernhalle mit 2.416 Sitzen, eine Konzerthalle, die Platz für 2.017 Zuhörer bietet sowie ein Theater für 1.040 Zuschauer.

Subject to much controversy since construction began in 2001, the National Grand Theatre is situated on the west side of the Great Hall of the People at Tiananmen Square, an area replete with historic and symbolic constructions. The elliptical dome in grey titanium and glass, nicknamed the "Egg shell", is designed as a "city of theatres". The cultural complex is like a transparent island sitting on an artificial lake surrounded by a new urban park. The building contains an opera hall with 2,416 seats, a concert hall with seating for 2,017 concert-goers and a theatre with a capacity for 1,040 spectators.

Situado en el lado oeste del Gran Salón del Pueblo de la plaza de Tiananmen, un lugar repleto de construcciones de carácter histórico y simbólico, el Gran Teatro Nacional ha sido objeto de una intensa polémica desde su edificación en 2001. La cúpula elíptica de vidrio y titanio gris, también conocida como "Cáscara de Huevo", ha sido concebida como una "ciudad de teatros". El complejo cultural parece una isla transparente situada sobre un lago artificial rodeado de un parque urbano de nueva creación. El edificio se compone de una ópera con 2416 asientos, una sala de conciertos para 2017 personas y un teatro con capacidad para 1040 espectadores.

Objet de beaucoup de controverse depuis le début de la construction en 2001, le Grand théâtre national se trouve à l'ouest du Grand hall du peuple de la place Tienanmen, un lieu rempli d'édifices historiques et symboliques. Le dôme elliptique en titane gris et en verre, baptisé « coquille d'œuf », est conçu comme une « cité de théâtres ». Le complexe culturel s'apparente à une île transparente sur un lac artificiel entouré d'un nouveau parc urbain. Le bâtiment renferme une salle d'opéra de 2 415 places, une salle de concerts pour 2017 amateurs de concerts et un théâtre d'une capacité de 1 040 spectateurs.

Esposto a molte controversie fin dall'inizio dei lavori nel 2001, il National Grand Theatre sorge sul lato occidentale della Great Hall of the People nella piazza Tiananmen, un'area con molti di edifici carichi di valore storico e simbolico. La cupola ellittica di titanio grigio e vetro, soprannominata «Egg shell» (guscio d'uovo), è stata progettata come una «città dei teatri». Il complesso culturale ricorda un'isola trasparente situata in un lago artificiale circondato da un nuovo parco urbano. L'edificio contiene una sala per l'opera con 2.416 posti, una sala da concerto con 2.017 posti e un teatro con una capienza di 1.040 spettatori.

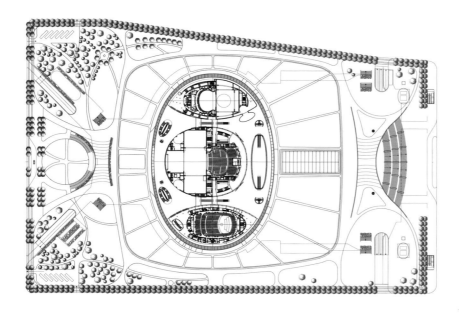

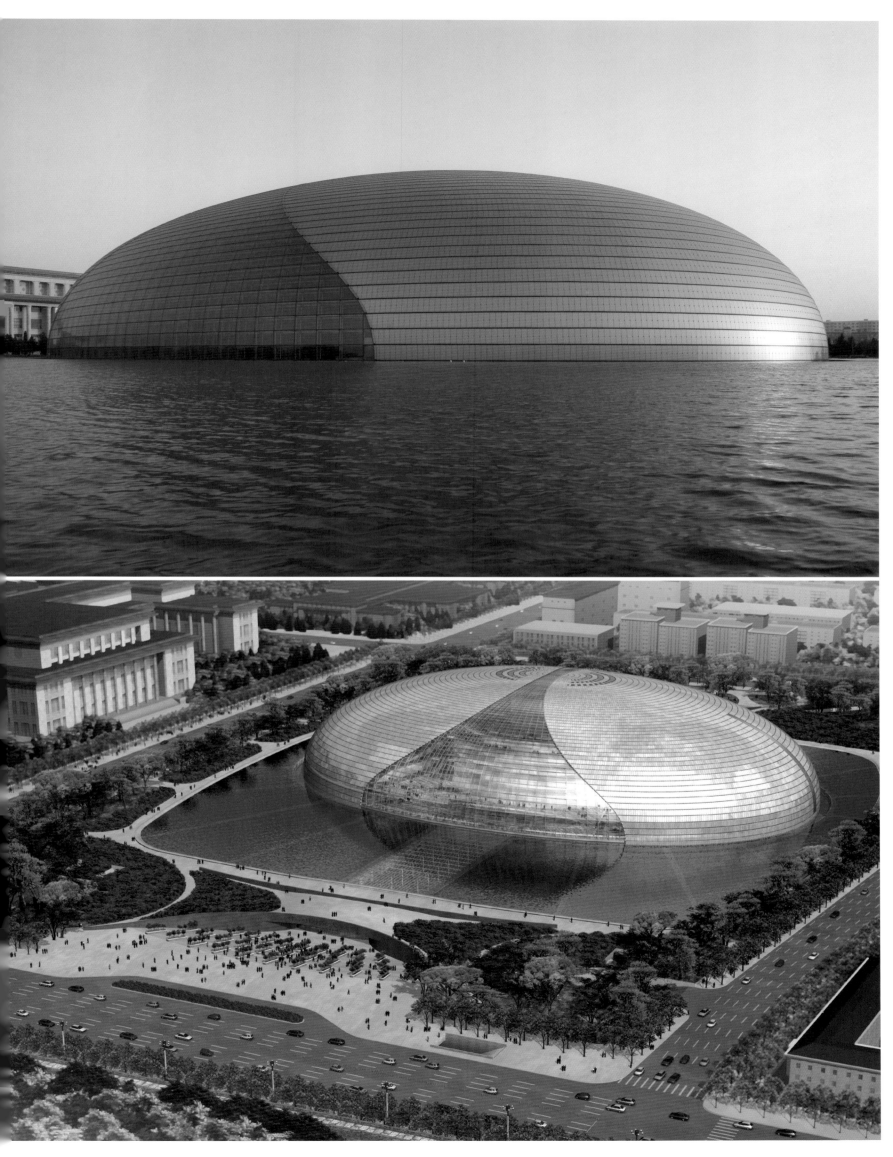

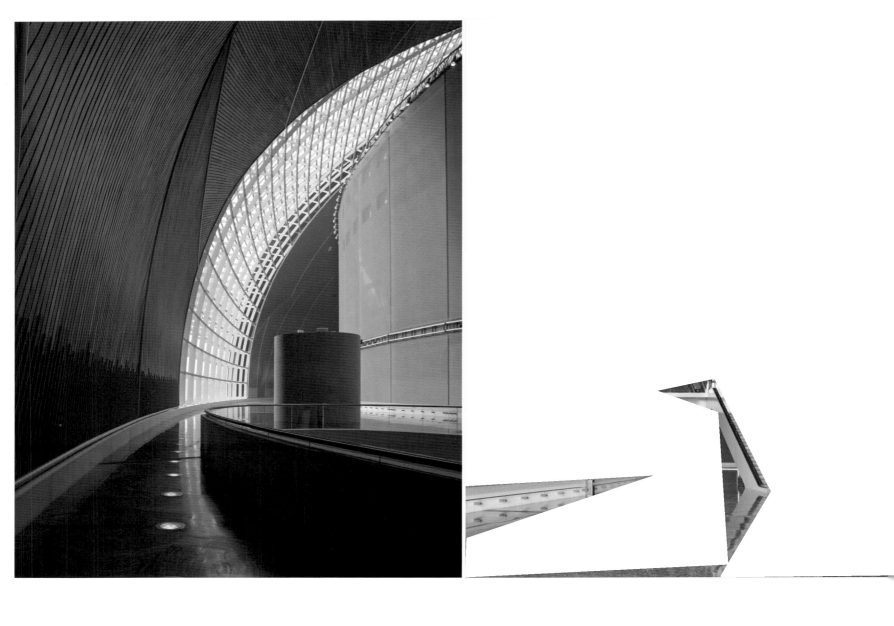

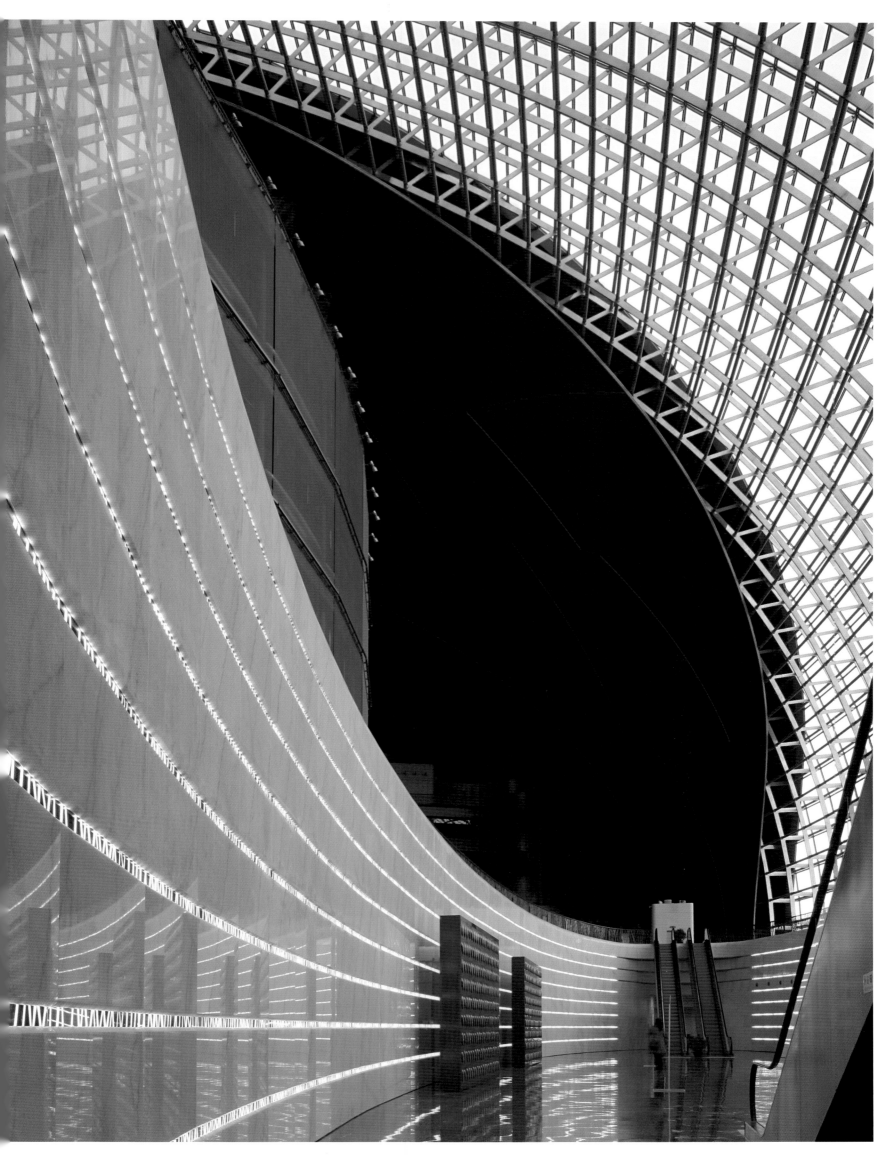

Philippe Starck

LAN Restaurant | 2006
4F Twin Towers b-12, Jianguomenwai Avenue, Chaoyang District

Das Restaurant LAN gehört zu einem von zwölf hochrangigen chinesischen Restaurants, die die besten Speisen aus Sichuan servieren. Auch wenn sich die zur Kette gehörenden Restaurants im Design ähneln, ist hier eindeutig der Stil Philippe Starcks erkennbar. Der renommierte französische Designer stellte sich diesen Ort als „ein magisches Paradies für Kunstsammler" vor: Möbel im Empire-Stil über Louis XVI bis hin zu den 1950er Jahren finden sich ebenso wie Nachbildungen von Gemälden aus dem 17. und 18. Jahrhundert, Plastikgebilde, mit Ketten umschlungene Kerzenleuchter, Baccaratmöbel und folkloristische Barhocker.

LAN is one of twelve upscale Chinese restaurants serving Sichuan favourites. Though all restaurants have unique designs this one can boast Philippe Starck's signature style. The renowned French designer imagined the space as "an art collector's great magical box room" and interpreted it with an eclectic style which elegantly swings from Empire to Louis XVI and the 1950s and includes a pastiche of 17th and 18th century paintings, recycled pieces of plastic, chandeliers in coat of mail, Baccarat furniture and ethnic bar stools.

Denominado así en honor a la emblemática figura de Zhang Lan, el LAN encabeza la cadena de restaurantes South Beauty y es uno de los doce mejores restaurantes chinos que sirven los platos tradicionales de Sichuan. El conocido diseñador francés imaginó el espacio como «la gran caja mágica de un coleccionista de arte» y lo interpretó con un estilo ecléctico que va del Imperio a Luis XVI y los años 50 e incluye imitaciones de obras de los siglos XVII y XVIII, fragmentos de plástico reciclado, candelabros con cotas de malla, muebles Baccarat y taburetes de bar de estilo étnico.

LAN est l'un des douze restaurants chinois huppés d'un groupe servant les plats favoris de Sichuan. Tous les restaurants ont un design exceptionnel, mais celui-ci peut se targuer de la signature de Philippe Starck. Le célèbre designer français a imaginé l'espace comme « le débarras magique d'un collectionneur d'art » et l'a interprété selon un style éclectique, passant avec élégance du style Empire à Louis XVI et aux années 50, avec des pastiches de peintures du XVIIe et XVIIIe siècles, des pièces en plastique recyclées, des chandeliers en cotte de maille, du mobilier Baccarat sur mesure et des tabourets de bar ethniques.

Così chiamato in onore dell'emblematica figura di Zhang Lan, alla guida della catena di ristoranti South Beauty, il LAN è uno dei dodici migliori ristoranti cinesi esclusivi in cui si può degustare la cucina del Sichuan in un ambiente raffinato. Sebbene tutti i ristoranti abbiano design unici, solo questo può vantare uno stile firmato da Philippe Starck. Il famoso designer francese ha immaginato l'ambiente come «un grande ripostiglio magico di un collezionista d'arte» e lo ha interpretato con un linguaggio eclettico che oscilla elegantemente tra lo stile Impero e il Luigi XVI e quello degli anni cinquanta, e possiede un pastiche di dipinti che comprendono grandi maestri del XVII e del XVIII secolo, appesi ai soffitti, pezzi di plastica riciclata, lampadari in cotta di maglia, arredamento Baccarat realizzato su misura e sgabelli da bar etnici.

PTW Architects, ARUP, China State Construction Design International (CCDI)
National Swimming Centre | 2008
Beijing Olympic Green, Chaoyang District

Der Bau dieses auch unter dem Namen „Watercube" (Wasserwürfel) bekannten Olympiagebäudes wurde von der internationalen Pres- se und Architekturszene genauestens verfolgt. Das architektonische Konzept des Nationalen Schwimmzentrums kombiniert die Symbo- lik des Quadrates in der chinesischen Kultur mit den natürlichen Formen von Seifenblasen auf geniale Weise. PTW Architects, CCDI und Arup errichteten unter Einsatz hochmoderner Materialien und Techniken ein Gebäude, das außergewöhnliches Design, niedrigen Ener- gieverbrauch und Umweltfreundlichkeit miteinander vereint.

Otherwise known as the "Watercube", the construction of this iconic Olympic venue was closely followed by the international press and architecture-buffs the world over. The concept for the National Swimming Centre combines the symbolism of the square in Chinese cul- ture and the natural structure of soap bubbles translated into an architectural form. Using state-of-the art technology and materials, PTW Architects in association with CCDI and Arup created a building that is visually striking, energy efficient and ecologically friendly.

También conocido como «cubo de agua», la prensa internacional y los aficionados a la arquitectura de todo el mundo han seguido de cerca la construcción de esta emblemática instalación olímpica. Desde el punto de vista conceptual, el Centro Nacional de Natación combina el simbolismo que posee el cuadrado en la cultura china y la estructura natural de las pompas de jabón, traducidos en formas arquitectónicas. Gracias al uso de la tecnología y los materiales más novedosos, los arquitectos de PTW crearon en colaboración con CCDI y Arup un edificio de gran impacto visual, ecológico y sostenible.

Également connu comme le « cube d'eau », la construction de ce site olympique emblématique a été suivie de près par la presse inter- nationale et les mordus d'architecture du monde entier. Pour ce centre national de natation, le concept combine le symbolisme du carré dans la culture chinoise et la structure naturelle des bulles de savon, le tout converti en forme architecturale. S'appuyant sur une tech- nologie et des matériaux de pointe, PTW Architects, associé à CCDI et Arup, ont créé un bâtiment visuellement impactant, performant sur le plan énergétique et respectueux de l'environnement.

La costruzione di questo simbolico luogo olimpionico, noto anche come «Watercube» (cubo d'acqua), è stata seguita attentamente dalla stampa internazionale e dagli appassionati d'architettura di tutto il mondo. Il concetto elaborato per il National Swimming Centre uni- sce il simbolismo della forma quadrata nella cultura cinese e la struttura naturale delle bolle di sapone trasferita in una forma architet- tonica. Mediante il ricorso a una tecnologia e a materiali all'avanguardia, lo studio PTW Architects in collaborazione con CCDI e Arup ha creato un edificio visivamente sensazionale, efficiente da un punto di vista energetico ed ecologicc.

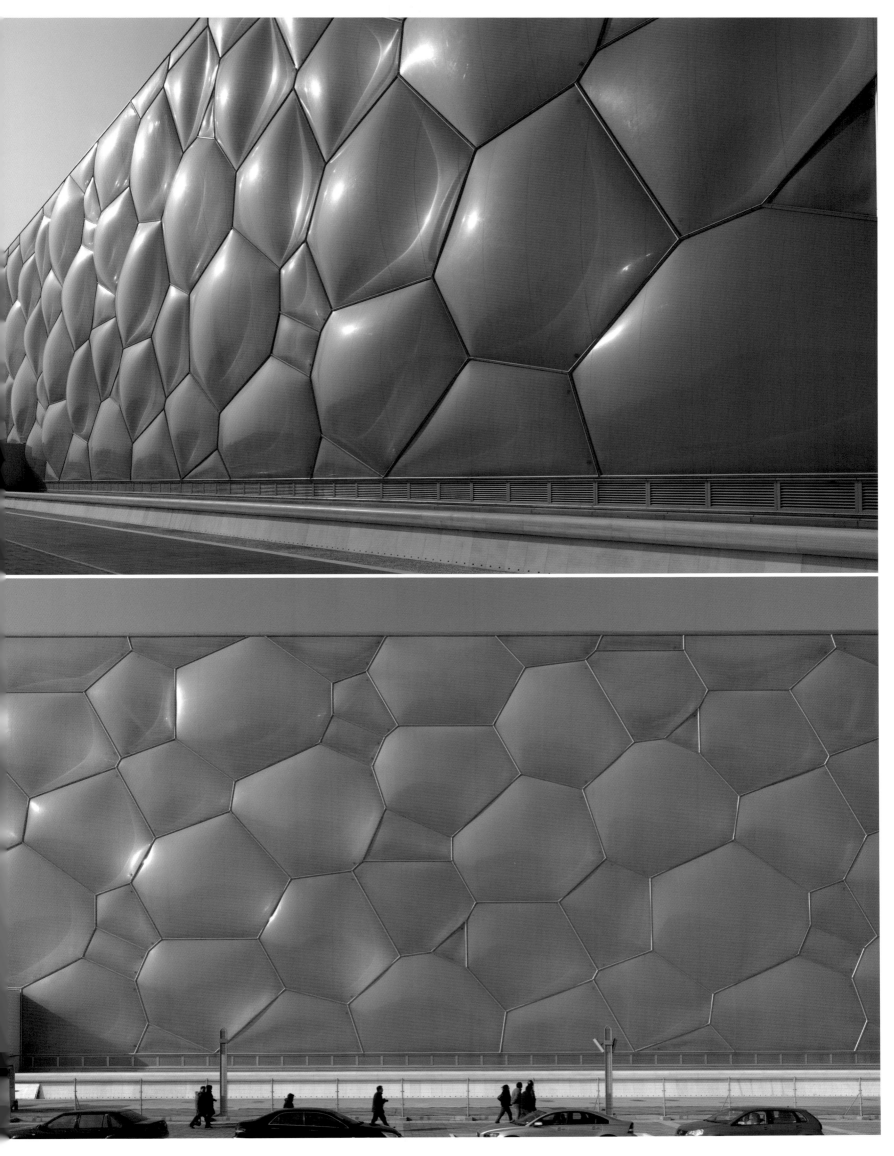

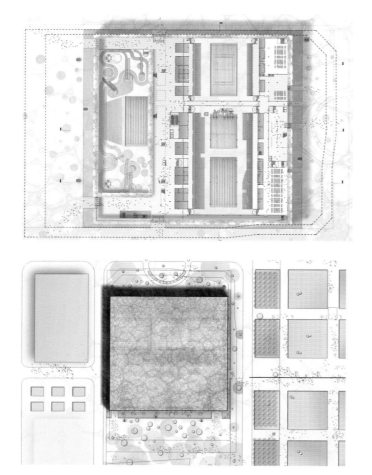

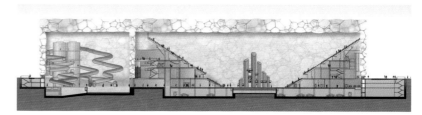

Red House China
Your Bistro | 2006
3/F Building D, A6 Jianwai Dajie, Chaoyang District

Der chinesische Name dieses Restaurants – Jinxiangyou – bezeichnet eine als göttliches Geschenk verehrte seltene Grapefruit, die ausschließlich in der etwa 1200 km von Peking entfernten westchinesischen Provinz Hunan am südlichen Flussufer des Yangtze wächst. Um seinem Namen gerecht zu werden, verwendet man in diesem Restaurant nur biologisch angebaute Produkte, die direkt von den Bauern und Fischern in Hunan und Guangdung, einer Provinz an der Südküste Chinas, gekauft werden. Die außergewöhnliche Innendekoration setzt sich aus den Farben Rot und Gold zusammen, die von leuchtend gelben, an chinesische Laternen erinnernden Lampen beleuchtet werden.

This restaurant's Chinese name is Jinxiangyou, a highly sought after rare grapefruit revered as a heavenly gift from nature, which only grows in the western Hunan province, on the south bank of the Yangtze River, some 1,200 km from Beijing. Reflecting its name, the restaurant claims to use only free-range and organic products bought directly from farmers and fishermen in Hunan and Guangdong, a province on the southern coast of China. The striking interior is decorated with red and golden colours, including bright yellow lamps which allude to the typical Chinese lantern.

En chino, este restaurante se denomina Jinxiangyou, una rara variedad de pomelo muy apreciada porque, según la tradición, se trata un regalo celestial de la naturaleza que sólo crece en la provincia occidental de Hunan, en la ribera sur del río Yangtze, a unos 1200 km de Beijing. Haciendo honor a su nombre, el restaurante afirma utilizar únicamente productos orgánicos, comprados directamente a los granjeros y pescadores de Hunan y Guangdong, una provincia de la costa meridional de China. El sorprendente interior está decorado en tonos rojos y dorados e incluye lámparas de un brillante color amarillo en referencia a las típicas linternas chinas.

Le nom chinois de ce restaurant est Jinxiangyou, un pamplemousse rare et très prisé, vénéré comme un cadeau divin de la nature et qui pousse uniquement dans la province occidentale d'Hunan, sur la rive sud de la rivière Yangtze, à quelque 1 200 km de Beijing. En utilisant son nom, le restaurant revendique l'utilisation exclusive d'animaux élevés en liberté et de produits organiques directement achetés aux fermiers et aux pêcheurs à Hunan et Guangdong, une province sur la côte sud de la Chine. L'intérieur frappant est décoré dans les couleurs rouge et or, y compris des lampes jaune vif qui évoquent la typique lanterne chinoise.

Questo ristorante cinese si chiama Jinxiangyou, un ricercatissimo nonché raro pompelmo, considerato un dono celestiale della natura, che cresce solamente nella provincia occidentale di Hunan, lungo la sponda meridionale del fiume Yangtze, a circa 1.200 km da Pechino. Come il suo nome indica, il ristorante dichiara di utilizzare unicamente prodotti provenienti da pascoli liberi e da coltivazioni organiche, acquistati direttamente a coltivatori e pescatori a Hunan e Guangdong, una provincia che si trova lungo la costa meridionale della Cina. I magnifici interni sono decorati di rosso e d'oro, con lampade di giallo chiaro che ricordano le tipiche lanterne cinesi.

RMJM HK/David Pringle, Scott Findley, Gordon Affleck, Ross Milne, Alex Peaker, Robert Mackenzie, Beverly Dolson, Miriam Au Yeung, Tim Fang, Tian Fu
Beijing Olympic Green Convention Centre | 2007
Olympic Boulevard

Dieses Kongresszentrum wird als Standort der Medien aus aller Welt eine Schlüsselrolle unte‐ den Olympiagebäuden einnehmen. Das Gebäude beherbergt mit komplett eingerichteten Studios und einer hochmodernen akustischen Ausstattung das größte internationale Funkhaus (IBC) in der Geschichte Olympias. Nach den Olympischen Spielen wird das Gebäude wiedereröffnet und wird als Nationales Kongresszentrum dienen, das unter anderem eine Multifunktionshalle mit 6.000 Sitzen enthält. Das Funkhaus soll dann Ausstellungsräume beherbergen.

The Convention Centre is a key venue in the XXIX Olympiad, providing temporary faci ities for the world's media. The building will accommodate the biggest International Broadcasting Centre (IBC) in Olympic history in terms of its design and capacity of of supporting broadcasting facilities. After fulfilling its function for the international sporting event, the Convention Centre will convert to a multi-purpose hall with seating capacity for 6,000 delegates, while the IBC will turn into temporary office and exhibition space.

El Centro de Convenciones es uno de los lugares clave de la XXIX Olimpiada, ya que en él se encuentran las instalaciones destinadas a los medios de comunicación. El edificio albergará el mayor Centro Internacional de Retransmisiones (IBC) de la historia olímpica, por el diseño y por la capacidad de proporcionar la infraestructura necesaria para las retransmisiones. Tras cumplir su función en el acontecimiento deportivo internacional, el Centro de Convenciones se convertirá en un espacio multifuncional con capacidad para 6.000 delegados, mientras que el IBC se transformará en una sede de exposiciones.

Le centre de conventions est un site phare de la XXIXe olympiade, et compte des installations temporaires pour les médias internationaux. Le bâtiment accueillera le plus grand centre de diffusion international (IBC) de l'histoire de l'olympisme, de par son design et sa capacité à fournir l'infrastructure nécessaire aux retransmissions. Une fois rempli son rôle pour l'événement sportif international, le centre de conventions deviendra un espace polyvalent d'une capacité de 6 000 places ; l'IBC se convertira pour sa part en espace d'exposition.

Il Convention Centreè un punto di riferimento fondamentale per la XXIX edizione delle Olimpiadi.Fornisce un complesso provvisorio di servizi ai media di tutto il mondo durante i Giochi. Il Media Centre alloggerà il più grande International Broadcasting Centre (IBC) nella storia delle Olimpiadi, in grado di dare supporto a tutti gli studi d'emissione Dopo aver svolto la sua funzione per l'avvenimento sportivo internazionale, il Convention Centre sarà trasformato in una sala polifunzionale con una capienza di 6.000 posti, mentre l'IBC diventerà un ufficio provvisorio e uno spazio per mostre.

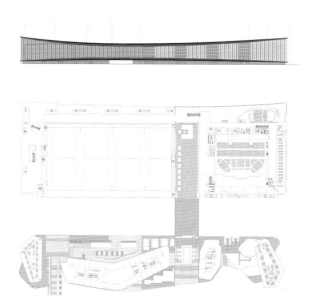

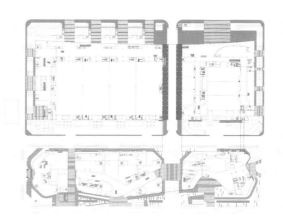

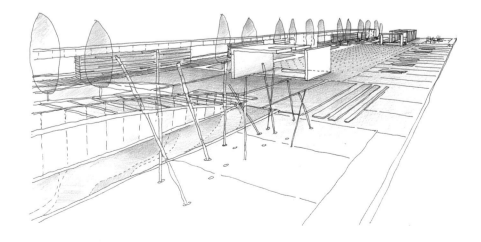

RTKL International, Beijing Institute of Architectural Design
China National Film Museum | 2005
9, Nanying Road, Chaoyang District

Das gesamte 38.500 m² große Gebäude ist der reichen chinesischen Kinotradition gewidmet: Es besteht aus vier Stockwerken, auf denen Ausstellungsräume für Filmgeschichte, Filmtechnik und wechselnde Ausstellungen, ein aus mehreren Vorführungsräumen und einer Multifunktionshalle bestehendes Kino, ein Laden und Restaurant sowie Lager-, Forschungs- und Büroräume eingerichtet wurden. Von Weitem betrachtet, wirkt der monolithische Komplex sehr massiv, doch mit sinkender Distanz ist dessen offene und lichtdurchlässige Gestaltung erkennbar. Das Innere, das aus zahlreichen miteinander verbundenen Räumen besteht und zum Flanieren einlädt, erinnert an chinesische Gärten, die für ihr Spiel mit Perspektiven und Ausblicken bekannt sind.

This 38,500 m² building dedicated to China's rich cinematic traditions comprises four levels of exhibition halls for film history, film technology and temporary exhibits; a cinema complex composed of various theatres and a mult function hall; a shop and restaurant; collection and storage; and research and administrative offices. The building appears monolithic from a distance and gradually reveals its translucency and openness upon arrival. The interior is a collection of various interconnectec spaces staged to deliver a montage experience, reminiscent of roaming in Chinese gardens, which are known for their fixed vistas and spaces for improvisational viewings.

Este edificio de 38.500 m² consta de cuatro salas de exposición sobre historia del cine, tecnología cinematográfica y exposiciones temporales; varias salas de proyección, una tienda y un restaurante; una serie de dependencias destinadas a almacenaje y oficinas para tareas administrativas y de investigación. Desde lejos el edificio tiene un aspecto monolítico. El interior se compone de varios espacios intercomunicados, dispuestos de forma que proporcionen la experiencia de un montaje de jardines chinos, conocidos por el inmovilismo de sus vistas.

Ce bâtiment de 38 500 m² consacré à la grande tradition cinématographique de la Chine compte quatre niveaux d'exposition pour l'histoire du cinéma, la technologie et des expositions temporaires, un cinéma avec plusieurs salles et un espace multifonction, un magasin, un restaurant, un lieu de collection et de stockage, et des bureaux de recherche et d'administration. De loin, le bâtiment semble monolithique, mais il révèle sa translucidité et son ouverture si on s'en approche. L'intérieur est une suite d'espaces interconnectés et organisés pour offrir une expérience de montage, qui rappelle une promenade dans des jardins chinois connus pour leurs vues et leurs espaces offrant des observatoires improvisés.

Questo edificio di 38.500 m², dedicato alla ricca tradizione cinematografica cinese, comprende sale espositive per la storia del cinema, la tecnologia e le mostre itineranti; possiede anche un complesso formato da vari teatri e una sala polivalente, un negozio e un ristorante, uno spazio per la raccolta e la conservazione, e uffici. Da vicino, l'edific o rivela le sue semitrasparenze e le sue aperture. L'interno è costituito da una serie di vari spazi interconnessi, come un montaggio cinematografico, evocativo di passeggiate per giardini cinesi, famosi per le loro scene fisse e per gli spazi immortalati da inquadrature improvvisate.

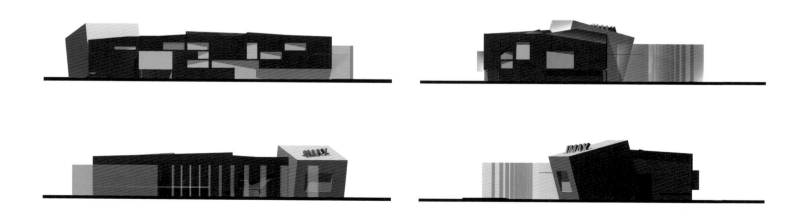

SAKO Architects/Keiichiro Sako, Hirokazu Ito, Shuhei Aoyama
Kid's Republic | 2005
1362, Tower 13, Jianwai Soho, 39 East 3rd Ring Road, Chaoyang district

Dieser in leuchtenden Farben gehaltene Kinderbuchladen in Pekings modernem Stadtviertel Chaoyang lädt seine kleinen Kunden in eine Märchenwelt voller Fantasie und Farbenpracht ein. Bunte Treppenstufen entführen in das ir der zweiten Etage gelegene Land der Bilderbücher. Eine 100 Meter lange Schleife, die an verschiedenen Stellen zu Armlehnen geformt wurde, windet sich durch den gesamten Laden und umschlingt Bücherregale und Tische. Auf der ersten Etage bietet ein von sieben farbigen Ringen umgebener Regenbogenraum Platz für Veranstaltungen wie Vorlesestunden oder Aufführungen.

This rich and brightly-coloured children's book store in Beijing's modern Chaoyang District transports pint-sized customers into a fairy-tale world fantasy and colour. Multi-coloured stairs lead to a world of picture books on the second floor. The 100-meter-long coloured ribbon winds and twists its way around the shop along bookshelves and tables and creates armrests along the way. A rainbow space on the first floor, connected by seven coloured rings with different perimeters turns into an event room, where activities such as story telling sessions and animation shows are held.

Esta librería infantil de colores cálidos y brillantes ubicada en el moderno distrito de Chaoyang de Beijing transporta a sus pequeños clientes a un universo imaginario de color y fantasía. Una serie de escaleras de diferentes colores conducen a la infinidad de libros ilustrados que hay en la segunda planta. Una cinta coloreada de cien metros de longitud serpentea y se enrosca en las estanterías y mesas de toda la tienda, formando reposabrazos a lo largo de su recorrido. En la planta baja hay un espacio decorado con los colores del arco iris al que se accede a través de siete círculos de colores de diferentes perímetros y que se convierte en una sala donde se realizan actividades como sesiones de narración de cuentos o proyecciones de películas de dibujos animados.

Cette librairie pour enfants riche en couleurs, dans le quartier moderne de Chaoyang de Beijing , fait voyager ses jeunes clients dans un univers de contes de fées tout en couleurs. Des escaliers colorés conduisent à un monde de livres illustrés au deuxième étage. Un ruban coloré de 100 mètres de long s'enroule autour des étagères et des tables, offrant tout le long des accoudoirs. Un espace arc-en-ciel au premier étage, relié par sept anneaux de couleur de différentes tailles, entoure une salle d'activités où se déroulent des séances de lecture et des spectacles d'animation.

Questo allegro negozio di libri per bambini, situato nel moderno quartiere Chaoyang, a Pechino, trasporta i suoi piccoli clienti in un fantastico e multicolore mondo di fiaba. Una scala variopinta conduce in un mondo di libri illustrati al secondo piano. Un nastro colorato di 100 metri di lunghezza si contorce per tutto il negozio passando per gli scaffali e i tavoli e creando braccioli lungo il percorso. Al primo piano, lo spazio è attraversato da un arcobaleno, collegato mediante sette anelli colorati con perimetri differenti e diviene una stanza per eventi, in cui si svolgono attività quali incontri con cantastorie e spettacoli d'animazione.

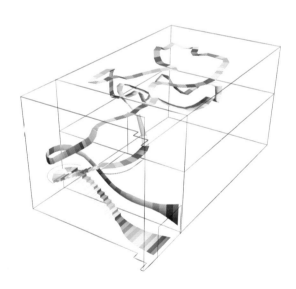

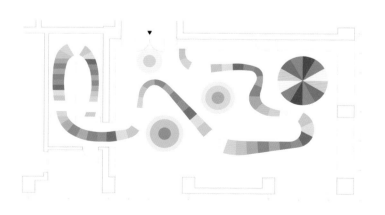

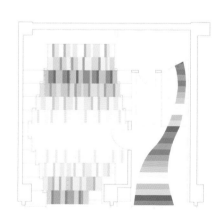

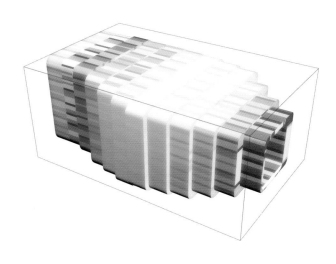

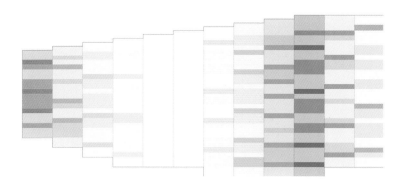

Studio Pei-Zhu/Pei Zhu, Tong Wu

Blur Hotel | 2006
16 Donghuamen Street, Dongcheng District

Dieses kleine und luxuriöse, von privater Hand geführte Hotel befindet sich direkt neben einem an das Westtor der Verbotenen Stadt angrenzenden Regierungsgebäude. Das Ziel des Architekten Pei Zhu war es, ein modernes chinesisches Gebäude zu errichten, das eine harmonische Ergänzung zu den umliegenden traditionellen Hutongs (enge Gassen) und Siheyuans (chinesischer Wohnhof) bilden. Pei Zhu entwarf einen modernen Siheyuan, der von einem schillernden Vorhang aus lichtdurchlässigem Fiberglas umgeben wird. Dieses Material wurde gewählt, da es eine erschwingliche Alternative zu teurem regionalem Stein bildet. Wie eine chinesische Laterne leuchtet das dank seiner semitransparenten Hülle reichlich mit Tageslicht versorgte Gebäude bei Nacht aus der Umgebung hervor.

This boutique hotel is located on the site of a large government office adjacent to the western gate of the Forbidden City. An experiment in "urban acupuncture," the architect Pei Zhu's aim of was to create a modern Chinese building in harmony with the surrounding hutongs and sihueyans (courtyard houses). Zhu designed a courtyard building surrounded by an iridescent curtain wall made of translucent fibreglass. This material was chosen as a more affordable alternative to the indigenous precious stone, yun. Wrapped in this continuous and semi-transparent façade, the building glows like a Chinese lantern at night and lets in plenty of light during the day.

Este hotel boutique está situado en el lugar que ocupaban unas oficinas estatales contiguas a la puerta occidental de la Ciudad Prohibida. Se trata de un experimento de "acupuntura urbana" con el que el arquitecto Pei Zhu pretendía crear un moderno edificio en consonancia con los hutongs y sihueyans (casas con patio) de la zona. Zhu diseñó un edificio con patio rodeado de un muro de cerramiento irisado, compuesto de fibra de vidrio translúcida, material que se eligió por ser la alternativa más asequible a la piedra preciosa autóctona, el yun. Envuelto en dicha fachada uniforme y semitransparente, el edificio resplandece como una linterna china por la noche y deja pasar una gran cantidad de luz durante el día.

Cet hôtel-boutique se trouve sur le site d'un grand édifice gouvernemental adjacent à la porte ouest de la Cité interdite. Tel un essai d'« acupuncture urbaine », l'objectif de l'architecte, Pei Zhu, était de construire un bâtiment chinois moderne en harmonie avec les hutongs (ruelles) et les sihueyans (maisons) environnantes. M. Zhu a pensé un bâtiment avec cour entouré d'un mur-rideau irisé en fibre de verre translucide. Ce matériau a été retenu comme solution abordable comparée à la pierre précieuse indigène, le yun. Enveloppé par cette façade continue et semi-transparente, le bâtiment brille comme une lanterne chinoise la nuit et laisse pénétrer une grande quantité de lumière la journée.

Questo boutique-hotel sorge sull'area di un ufficio governativo adiacente alla porta occidentale della Città Proibita. Si tratta di un esperimento di «agopuntura urbana» in cui l'obiettivo è stato quello di creare un edificio cinese moderno che fosse però in armonia con i circostanti hutong e sihueyan (case con cortili). Pei Zhu ha progettato un edificio circondato da un'iridescente parete-cortina di fibra di vetro semitrasparente, la quale costituisce l'alternativa più accessibile alla preziosa pietra locale, lo yun. Avvolto in questa facciata continua, l'edificio s'illumina come una lanterna cinese di notte e lascia entrare la luce durante il giorno

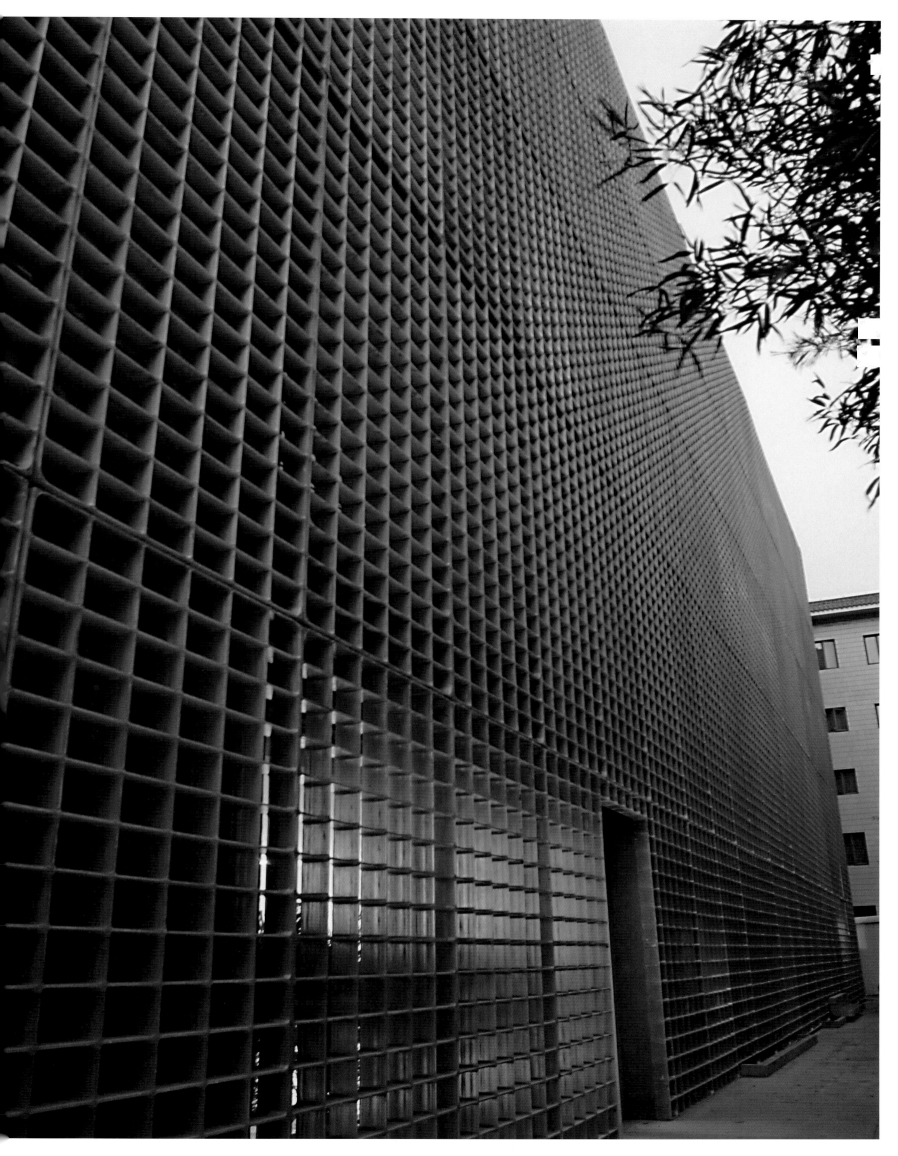

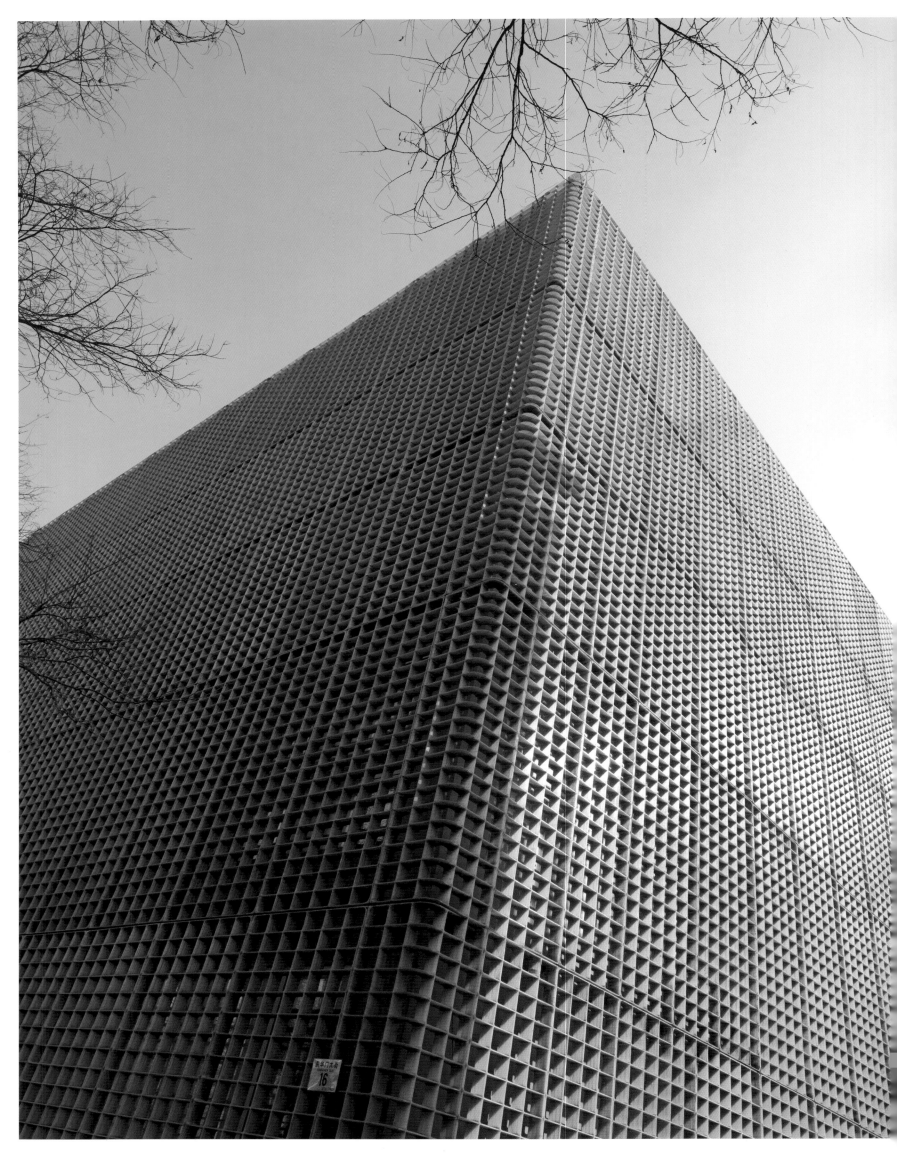

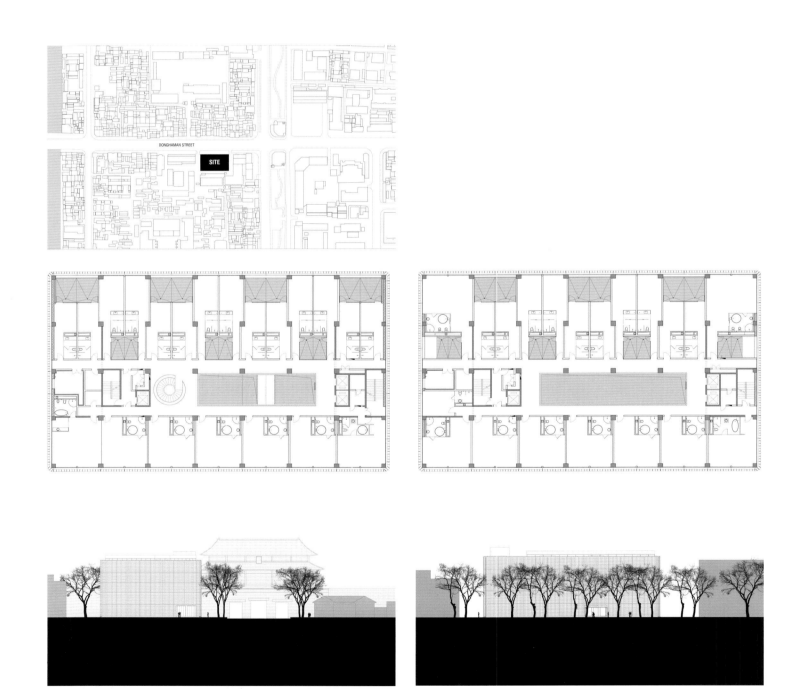

Studio Pei-Zhu/Pei Zhu, Tong Wu
Digital Beijing | 2007
Beijing Olympic Park, Chaoyang District

Das „Digital Beijing", das in unmittelbarer Nähe zum olympischen Zentrum, dem Nationalstadion und der Nationalen Schwimmhalle liegt, bildet eines der wichtigsten Gebäude der Pekinger Olympiade 2008, die den Anspruch hat, die Olympiade mit dem höchsten technischen Standard zu werden. Mit einer mehr als 100.000 m² großen Fläche beherbergt das Bauwerk das Kontroll- und Datenzentrum der XXIX. Olympiade. Die Formen des aus einer ruhigen Wasserfläche emporsteigenden Hochhauses erinnern an einen Barcode oder eine Schaltplatine. Die Architekten hoffen, dass das Gebäude auch nach den Spielen stets auf dem neuesten technischen Stand gehalten wird.

The Digital Beijing building located near the core area of the Olympics Centre, the National Stadium and the National Swimming Centre, will be the landmark building of the 2008 Beijing Olympics, which has been promised to be the Olympics with the highest technological content to date. Nearly 100,000 square meters in area, the building will serve as the control and data centre of the XXIX Olympiad. Resembling a digital bar code and an integrated circuit board, the building emerges from a serene water surface. After The Games, the architects hope the building will be under constant renovation an evolution to keep up with the pace of changing technology.

Situado junto al núcleo principal del Centro Olímpico, el Estadio Nacional y el Centro Nacional de Natación, el Digital Beijing está llamado a ser el edificio emblemático de unos juegos olímpicos que aspiran a convertirse en los de mayor contenido tecnológico hasta la fecha. El edificio posee una superficie de casi 100.000 m² y actuará como centro de información y control de las XXIX Olimpiadas. La edificación, que emerge de la plácida superficie de las aguas, se asemeja a un código de barras digital y a una placa de circuito integrado. Después de los Juegos, los arquitectos esperan que el edificio se mantenga en constante renovación y evolución.

Le bâtiment Digital Beijing situé près du cœur du Centre olympique, du stade national et du centre national de natation, sera la construction phare des Jeux olympiques de Beijing 2008, annoncés comme les JO au contenu le plus technologique de l'histoire. Avec une superficie de près de 100 000 m², ce bâtiment servira de centre de surveillance et de données de la XXIXe olympiade. Semblable à un code-barres et à une carte de circuit intégré, il émerge d'une surface d'eau calme. Après les Jeux, les architectes espèrent qu'il connaîtra une évolution constante pour suivre le rythme des avancées technologiques.

Il Digital Beijing, costruito nei pressi de la zona centrale del Centro Olimpico, del National Stadium e del National Swimming Centre, sarà il punto di riferimento architettonico delle Olimpiadi di Pechino 2008 che, secondo le aspettative, è l'edizione dei giochi più altamente tecnologica tra quelle celebrate fino all'attualità. Con la sua area di quasi 100.000 m², l'edificio servirà come centro di controllo e d'elaborazione dati della XXIX Olimpiade. Simile a un codice a barre digitale e a una scheda di circuito integrato, il Digital Beijing emerge da una tranquilla superficie d'acqua. Dopo i giochi, gli architetti sperano che l'edificio sarà costantemente rinnovato e modificato per stare al passo con le innovazioni tecnologiche.

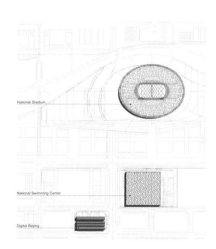

National Stadium

National Swimming Center

Digital Beijing

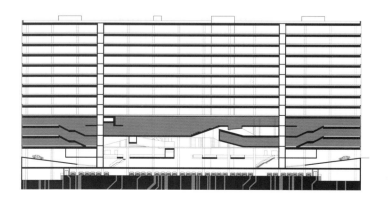

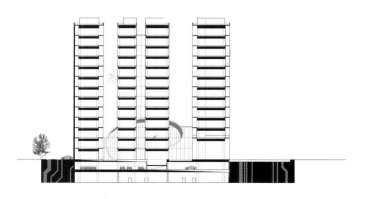

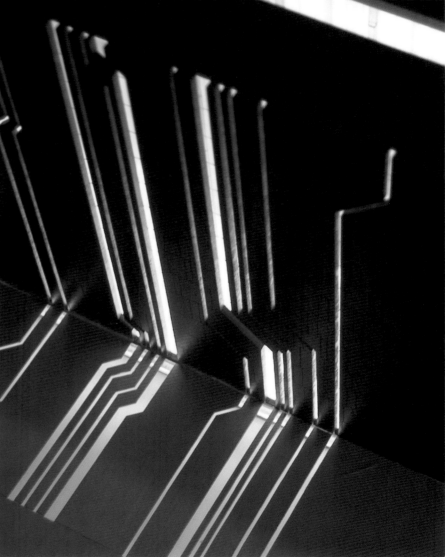

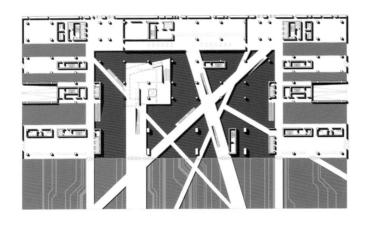

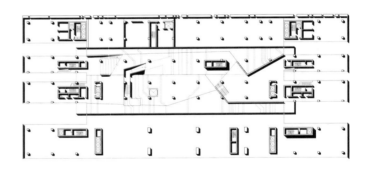

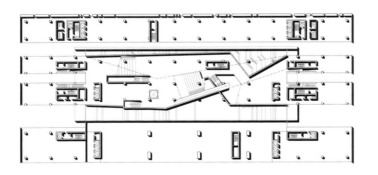

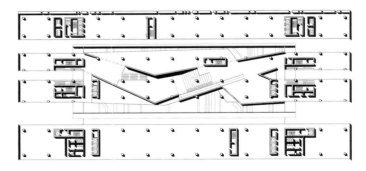

Turenscape/Kongjian Yu, The Graduate School of Landscape Architecture (Peking University)
Olympic Forest Park and Central Zone | 2008
Beijing Olympic Park, Chaoyang District

Die Landschaft Chinas und ihre 5000-jährige Geschichte bildeten die ideale Inspirationsquelle für den Olympischen Park. Terrassen-förmige Anbauflächen sowie nachhaltige Landwirtschafts- und Wasserhaushaltspraktiken wurden hier mit hochmodernen Umwelt-schutzmaßnahmen und Energiespartechniken kombiniert. Das architektonische Konzept des Parks beinhaltet ein nachhaltiges Wasser-management, mit dem wertvolle Ressourcen wiederverwertet werden. Tausende von Bäumen an der Westseite des Parks formen ein Schutzschild gegenüber der Stadt.

The Olympic Park is inspired by the Chinese land and its five thousand years of agricultural history. Terraced farmlands and sustainable agrarian and water practices are integrated with cutting-edge biological and energy technology. The model of the Green Olympics, the design incorporates a sustainable water system and aqueduct which reduces, reuses and recycles. The west side of the park is a monu-mental tree mass, which forms a protective screen between the axis and the city.

El Parque Olímpico se inspira en la tierra china y en los cinco mil años de historia de su agricultura. Tierras de labranza en terrazas y prácticas agrarias se combinan con la tecnología energética y biológica más vanguardista. Siguiendo el modelo de las Olimpiadas Verdes, el diseño incorpora un acueducto y un sistema de suministro de agua sostenible que permite su reutilización. La zona occidental del parque incluye también cinco jardines dedicados a la Tierra de los Cinco Colores, mientras que la conectividad del parque queda asegurada mediante un paseo a lo largo del río.

Le Parc olympique s'inspire du paysage chinois et de ses cinq millénaires d'histoire agricole. Les terrains de cultures en terrasses ainsi qu' une gestion durable des pratiques agraires et de l'eaus'y marient à une technologie biologique et énergétique de pointe. À l'image des Jeux verts, le design intègre un système d'eau durable et un aqueduc, qui assure la parcimonie de l'usage, la réutilisation et le recyclage. La partie à l'ouest du parc est une gigantesque forêt, véritable écran protecteur entre l'axe et la ville.

Il Parco Olimpico s'ispira alla campagna cinese e ai suoi cinquemila anni di storia agricola. Elementi come terreni coltivati a terrazze, acqua e montagne nonché pratiche agricole e d'irrigazione sostenibili, si fondono con una tecnologia biologica e dell'energia all'avan-guardia. Seguendo l'esempio del Green Olympics, il design incorpora un sistema sostenibile di gestione dell'acqua e un acquedotto, che ne riduce il consumo, la riutilizza e la ricicla. La parte occidentale è formata da una monumentale massa arborea, che costituisce una barriera di protezione tra l'asse centrale sud-nord e la città.

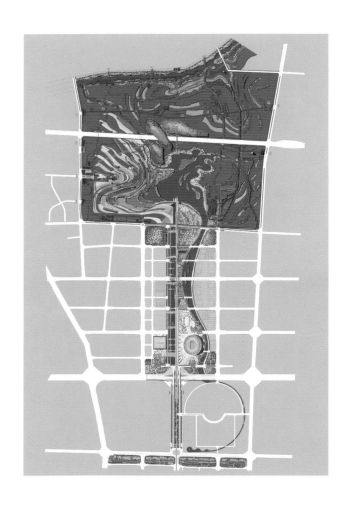

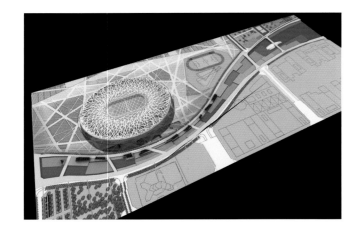

Zhong Song, Chen Yu
Song Music Bar+Kitchen | 2007
The Place, B108, 9 Guanghua Road, Chaoyang District

Zhong Song beschreibt seinen Unterhaltungsort als „Raum für Menschen, die wie ich an Musik, Kunst und Design interessiert sind". Von den Reisfeldern Chinas inspiriert, übersetzte Zhong diese Formen in wellenförmige, übereinander geschichtete und kurvig verlaufende Wände. Das Material Holz wurde sowohl aufgrund seiner Form gewählt als auch wegen seiner Fähigkeit, die Klangqualität zu verbessern und Geräusche zu dämpfen. Schlichte weiße Esstische, Liegestühle, Sessel und Wände tragen dazu bei, eine Überladung der Räume zu verhindern. Strahler heben die zufällige Anordnung konvexer und konkaver Formen hervor.

"Created for people who are interested in music, art and design, like myself", this is how Zhong Song describes his entertainment space. Inspired by the paddy fields of southern China, Mr. Song translated these into wavy, layered and curved wooden walls. The wood was chosen for its form as well as for its ability to amplify and absorb sound. Stark white dining tables, loungers, chairs and walls help avoid a cluttered look, while illumination effects neutralize the shades. Spotlights highlight the random array of convex and concave shapes.

«Pensado para amantes de la música, el arte y el diseño, como yo», de este modo describe Zhong Song este espacio dedicado al entretenimiento. Song se inspiró en los arrozales del sur de China: trasladó el movimiento a las múltiples capas de las paredes de madera curva y ondulante. La elección de la madera responde tanto a su forma como a su capacidad de amplificar y absorber el sonido. Las mesas, tumbonas, sillas y paredes de un blanco impoluto contribuyen a evitar la impresión de abarrotamiento, mientras que el efecto de la iluminación neutraliza las sombras. Los focos realzan el despliegue desordenado de formas cóncavas y convexas.

« Créé pour les personnes avec un intérêt pour la musique, l'art et le design, comme moi » : ainsi décrit Zhong Song cet espace de loisirs. S'inspirant des rizières au sud de la Chine : illes a interprétées sous forme de murs en bois onduleux, stratifiés et courbes. Le bois a été retenu pour sa forme et sa capacité à amplifier et à amortir les sons. Les tables, les lits de lounge, les chaises et les murs blanc pur permettent d'éviter toute apparence de désordre, alors que les effets d'éclairage neutralisent les ombres marquées. Des spots éclairent l'ensemble aléatoire de formes convexes et concaves.

«Creato per la gente che, come me, s'interessa alla musica, all'arte e al design», così descrive Zhong Song il suo spazio d'intrattenimento polivalente. Ispirato ai campi di riso del sud della Cina, Song li ha trasferiti in pareti di legno ondulate. Il legno è stato scelto per la sua forma nonché per la sua capacità di amplificare e assorbire il suono. Semplici tavoli, poltrone, sedie e pareti di bianco contribuiscono a evitare un aspetto disordinato, mentre gli effetti dell'illuminazione neutralizzano le ombre forti sulle pareti di legno e sull'arredamento bianco. Alcuni riflettori amplificano la serie casuale di forme concave e convesse.

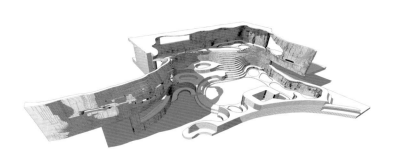

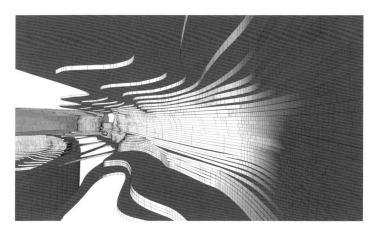
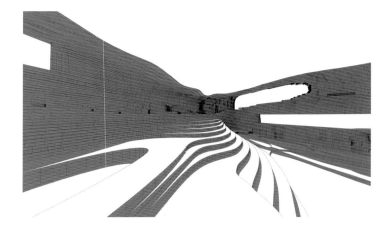

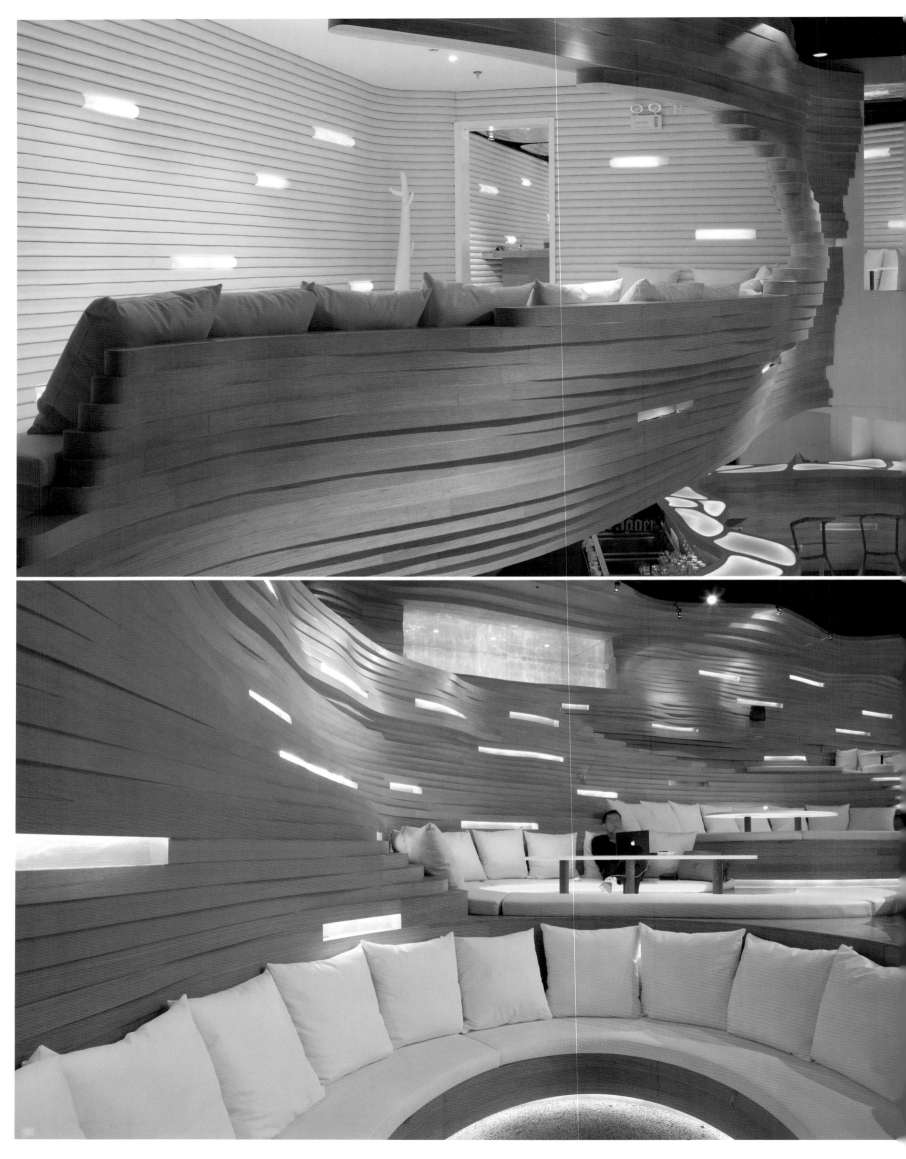

ADPI
Bâtiment 641, Orly zone sud
91204 Athis-Mons Cedex
France
P +33 1 49 75 11 00
F +33 1 49 75 13 91/98
architects@adp-i.com
www.adp-i.com
National Centre for the Performing Arts
Photos © Paul Maurer
Plans © Paul Andreu/VEGAP

Approach Architecture Studio
15th floor Guorun Tower
8 FuWaiDaJie
100037 Beijing
P.R. China
P +86 10 6801 1232
F +86 10 6801 6628
approachoffice@gmail.com
www.approacharchitecture.com
Approach Architecture Studio Office
Photos © Lu Qiong, Margherita Errante

ARUP
13 Fitzroy Street
London W1T 4BQ
UK
P +44 20 7636 1531
pressoffice@arup.com
www.arup.com
Beijing Capital International Airport
Photos © Nigel Young/Foster and Partners
National Stadium
Photos © Marc Gerritsen
National Swimming Centre
Photos © Marc Gerritsen, Ben McMillan, PTW & CSCEC,
PTW Architects

Beijing Institute of Architectural Design (BIAD)
62 South Lishi Road,
Beijing 100045
P.R. China
P +86 10 88043999
F +86 10 68034041
www.biad.com.cn
Beijing Capital International Airport
Photos © Nigel Young/Foster and Partners
United Nations Trade Headquarters
Photos © Su Chen
National Centre for the Performing Arts
Photos © Paul Maurer
Plans © Paul Andreu/VEGAP
China National Film Museum
Photos © Fu Xing Studios

Bligh Voller Nield
Level 6
11 York Street
Sydney NSW 2000
Australia
P +61 2 8297 7200
F +61 2 8297 7299
sydney@bvn.com.au
www.bvn.com.au
Beijing Olympic Hockey Temporary Venue
Beijing 2008-Olympic Green Tennis Centre
Shunyi Aquatic Park
Photos © John Gollings

China Architecture Design Institute
19 Chegongzhuang Street
Beijing 100044
P.R. China
P +86 10 68302001
F +86 10 68348832
http://en.cadreg.com
National Stadium
Photos © Marc Gerritsen

China State Construction Design International (CCDI)
12th Floor, Beijing Sunflower Tower
37 Maizzidian Street
Chaoyang District
Beijing 100026
P.R.China
P +86 10 85276299
F +86 10 85275660
www.chinaconstruction.com
Beijing Olympic Hockey Temporary Venue
Beijing 2008-Olympic Green Tennis Centre
Photos © John Gollings
National Swimming Centre
Photos © Marc Gerritsen, Ben McMillan, PTW+CSCEC, PTW Architects

CL3 Architects
7/F Hong Kong Arts Centre
2 Harbour Road
Wanchai, Hong Kong P.R. China
P +852 2527 1931
F +852 2529 8392
wynne@cl3.com
www.cl3.com
Nishimura Restaurant
Photos © Eddie Siu

Dirk Jan Postel, Sjoerd Buisman
Watertorenweg 336, Postbus 4003
3006 AA Rotterdam
The Netherlands
P +31 10 498 92 92
F +31 10 498 92 00
mail@kraaijvanger.urbis.nl
www.kraaijvanger.urbis.nl
Dutch Ambassador's Residence
Photos © Christian Richters

East China Architecture and Design Institute (ECADI)
No.151 Hankou Road
Shanghai, 200002
P.R. China
P +86 21 63217420
F +86 21 63214301
info@ecadi.com
www.ecadi.com
CCTV (China Central Television) Headquarters
Photos © OMA

EDAW
Office 806, 8th Floor, Tower Two
China Central Place
79 Jian Guo Road, Chaoyang District
Beijing 100025
P.R. China
P +86 10 5969 5188
F +86 10 5969 5199
www.edaw.com.hk
Shunyi Aquatic Park
Photos © John Gollings

EDGE Design Institute
Suite 1604, Eastern Harbour Centre
28 Hoi Chak Street
Quarry Bay
Hong Kong
P.R. China
P +852 2802 6212/852 2802 6213
edgeltd@netvigator.com
www.edgedesign.com.hk
Suitcase House, The Commune by the Great Wall
Photos © Asakawa Satoshi, Liu Ruilin, Howard Chang, Gary Chang

Foster + Partners
Riverside, 22 Hester Road
London SW11 4AN
UK
P +44 20 7738 0455
F +44 20 7738 1107
press@fosterandpartners.com
www.fosterandpartners.com
Beijing Capital International Airport
Photos © Nigel Young/Foster and Partners

GMP (von Gerkan, Marg and Partners Architects)
Elbchaussee 139
22763 Hamburg
Germany
P +49 40 88151-0
hamburg-e@gmp-architekten.de
www.gmp-architekten.de
Zhongguancun Christian Church
Zhongguancun Cultural Centre
Photos © Christian Gahl

Graft
Heidestrasse 50
10557 Berlin
Germany
P +49 30 2404 79 85
F +49 30 2404 79 87
max@graftlab.com
www.graftlab.com
Eric Paris Salon
Photos © Yang Di

Herzog & De Meuron
Reinschanze 6
4056 Basel
Switzerland
P +41 61 385 5757
F +41 61 385 5758
info@herzogdemeuron.com
National Stadium
Photos © Marc Gerritsen

Huanqing Dong, Zuomin Wang
Shiji Kemao Plaza B-2260
66 Zhongguancun East Road
Haidian District
Beijing 100080
P.R. China
P +86 13 701254379
F +86 10 849384767
zuominwang@gmail.com
Awfully Chocolate Beijing Store
Photos © Marc Gerritsen

IDEA Design Studio
Hong Luo Club
Photos © Shu He

Lab Architecture
Level 4/325 Flinders Lane
Melbourne, VIC 3000
Australia
P +61 3 9612 1026
F +61 3 9620 3088
marketing@labarchitecture.com
www.labarchitecture.com
SOHO Shangdu
Photos © Minoru Iwasaki, Yanqi Ren, Wang Hui Ming

MAD
3rd floor, west building
7, Banqiao Nanxiang
BeiXinQiao
Beijing 100007
P.R.China
P +86 10 64026632/+86 10 64031080
F +86 10 64023940
office@i-mad.com
www.i-mad.com
Hong Luo Club
Photos © Shu He

Mark Dziewulski
500 3rd Street, Suite 210
San Francisco
California 94107
USA
P + 1 415 882 7808
F + 1 415 882 7828
mdz@dzarchitect.com
www.dzarchitect.com
United Nations Trade Headquarters
Photos © Su Chen

MCA International
United Nations Trade Headquarters
Photos © Su Chen

MoHen Design International
Hank M. Chao
18, Alley 396 Wulumuqi South Road
Shanghai
P.R. China
P + 86 21 64370910
F + 86 21 64317125
mohen@mohen-design.com
www.mohen-design.com
Danbo Fun Fast Food Chain
Photos © Maoder Chou/Mohen Design International

Nacht & Lewis Architects
600 Q Street, Suite 100
Sacramento, CA 95811 USA
P + 1 916 329 4000
F + 1 916 329 7474
office@nlarch.com
www.nlarch.com
United Nations Trade Headquarters
Photos © Su Chen

OMA
Rem Koolhaas, Ole Scheeren
Heer Bokelweg 149
3032 AD Rotterdam
The Netherlands
P + 31 10 24 38 200
F + 31 10 24 38 202
pr@oma.nl
www.oma.nl
CCTV (China Central Television) Headquarters
Photos © OMA

Paul Andreu Architecte
15, rue du Parc Montsouris
75014 Paris
France
P + 33 1 58 10 05 15
sabine.favre@paul-andreu.com
www.paul-andreu.com
National Centre for the Performing Arts
Photos © Paul Maurer
Plans © Paul Andreu/VEGAP

Philippe Starck
18-20, Rue du Faubourg du Temple
75011 Paris
France
P + 33 1 48 07 54 54
F + 33 1 48 07 54 64
press@starcknetwork.com
www.philippe-starck.com
LAN Restaurant
Photos © Patricia Bailer

PTW Architects
Level 17, 9 Castlereagh Street
Sydney
NSW 2000
Australia
P + 61 2 9232 5877
F + 61 2 9221 4139
info@ptw.com.au
www.ptw.com.au
National Swimming Centre
Photos © Marc Gerritsen, Ben McMillan, PTW+CSCEC, PTW Architects

Red House China
Room 155, CaoChang Di
Chaoyang District
Beijing 100015
P.R. China
P + 86 10 51298878
F + 86 10 85891925
info@redhousechina.com
www.redhousechina.com
Your Bistro
Photos © Marc Gerritsen

RMJM HK
33rd Floor Cosco Tower
183 Queen's Road Central
Hong Kong
P + 852 2548 1698
F + 852 2547 6386
a.sauvegrain@rmjm.com
www.rmjm.com
Beijing Olympic Green Convention Centre
Photos © RMJM

Royal Haskoning China
711A Ganjiakou Building
21 San Li He road
Haidian District
Beijing 100037
P.R. China
P +86 13911112563
f.dirks@royalhaskoning.com
www.royalhaskoningasia.com
www.cdw-asia.com
Dutch Ambassador's Residence
Photos © Christian Richters

RTKL International
333 South Hope Street
Suite C-200
Los Angeles
California 90071
USA
P + 1 213 633 1237
emartlew@rtkl.com
www.rtkl.com
China National Film Museum
Photos © Fu Xing Studios

SAKO Architects
Keiichiro Sako, Hirokazu Ito, Shuhei Aoyama
1801-1802, Tower8, JianWaiSOHO
39, East 3rd Ring Road
Chaoyang District
Beijing 100022
P.R. China
P +86 10 5869 0901
F +86 10 5869 1317
aoyama@sksk.cn
www.sksk.cn
Kid's Republic
Photos © Minoru Iwasaki

Studio Pei-Zhu
B-413 Tian Hai Business Center
107 Dongsi Street
Beijing 100007
P.R. China
P +86 10 64016657
F +86 1064038967
office@studiozp.com
www.studiozp.com
Blur Hotel
Photos © Marc Gerritsen, Shu He, Fang Zhenning
Digital Beijing
Photos © Marc Gerritsen, Fang Zhenning, Liu Wentian

The Graduate School of Landscape Architecture (Peking University)
http://en.pku.edu.cn/
Olympic Forest Park and Central Zone
Photos © Turenscape

Turenscape/Kongjian Yu
Overseas Student Development Park
Zhongguancun Fazhan Dasha, 12
Shangdi Xinxilu, Haidian District
Beijing 100085
P.R. China
P +86 629 88907
F +86 639 88905
info@turenscape.com
www.turenscape.com
Olympic Forest Park and Central Zone
Photos © Turenscape

Universal Architecture Studio
North 3rd Ring
West Road 43, Building No.24
Beijing 100086
P.R.China
P +86 10 82123535/0086 10 82123636
F +86 10 82123737
uas@vip.163.com
www.uas-arch.com
Dutch Ambassador's Residence
Photos © Christian Richters

Zhong Song
1, Xilou Alley, Lama Temple Street, Dongcheng District
Beijing
P.R. China
P +86 10 84011996
F +86 84011999
hi_zs@163.com
Song Music Bar + Kitchen
Photos © Shu He

© 2008 daab
cologne london new york

published and distributed worldwide by
daab gmbh
friesenstr. 50
d - 50670 köln

p + 49 - 221 - 913 927 0
f + 49 - 221 - 913 927 20

mail@daab-online.com
www.daab-online.com

publisher ralf daab

creative director feyyaz
DAS F - PRINZIP® © 2008 feyyaz

editorial project by loft publications
© 2008 loft publications

editor and text bridget vranckx

layout anabel naranjo
english translation equipo de edición
french translation equipo de edición
italian translation equipo de edición
german translation equipo de edición

front cover © shu he
back cover © christian gahl

printed in china
www.everbest.eu

isbn 978-3-86654-073-6